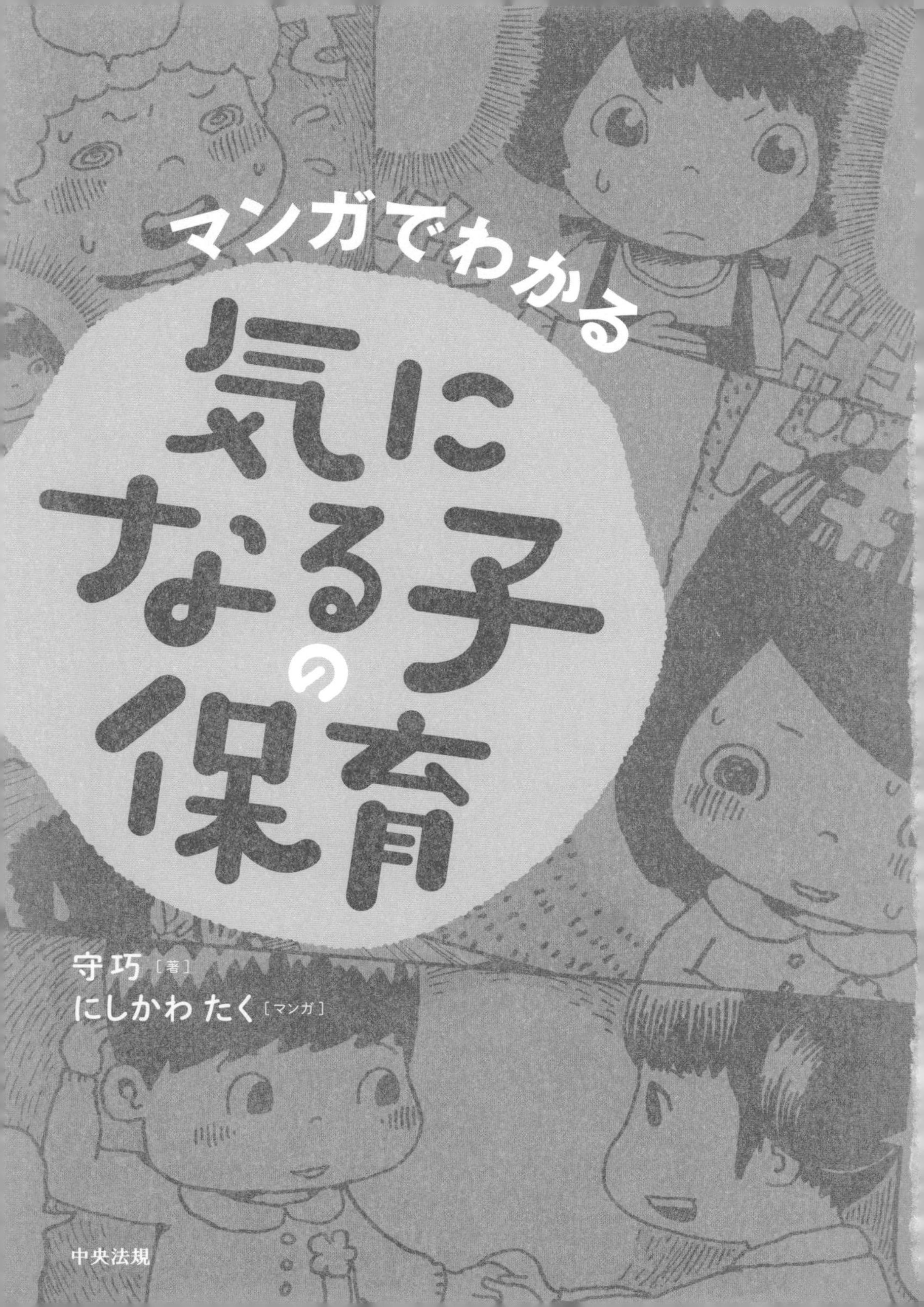

マンガでわかる 気になる子の保育

守巧［著］
にしかわ たく［マンガ］

中央法規

はじめに

　私は、これまでたくさんの気になる子と出会い保育をするなかで、彼らからさまざまなことを教えてもらいました。彼らとの出会いは苦悩の連続でしたが、それ以上に、得たものの方がはるかに多かったです。私の子どもを理解する視点の礎は、気になる子との出会いから得たものといっても過言ではなく、彼らから多くことを学び、自分の保育実践に還元していきました。

　近年、気になる子が増えてきています。保育をすること自体が、とても難しい時代になっていると言えるでしょう。先に述べたように気になる子との出会いは、保育実践に良い影響を与えてくれます。気になる子から多くのことを学び、それを自分の保育に活かし、相乗効果で充実した保育ができるようになっていきます。

　しかし、志を持ちながら養成校で学び、ようやく現場に出た新任保育者が気になる子と出会い、その関わりの難しさや見通しの持てなさから離職してしまうケースが増えてきました。保育のすばらしさや子どものたくましさなど、養成校では決して体験できないことを味わう前に離職してしまうのです。これは、新任保育者にとっても、出会った子どもにとっても非常に残念な出来事です。たしかに、新任保育者にとって気になる子の存在は、すべてがプラスになるとは限りません。新任保育者にとっては「通常の保育も難しいのに、気になる子の対応まで…」というのが本音でしょう。このような状況をふまえて、私は、新任保育者が少しでも気になる子との出会いを前向きに捉え、保育実践に影響を与える「良き出会い」としてもらいたいと感じるようになりました。

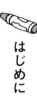

そこで、新任保育者が気になる子との出会いを通して、保育実践力を高め、楽しく保育をしてもらいたい、という願いから本書を作りました。「良き出会い」となるような配慮を具体的に示してあります。

本書の大きな特徴は、マンガを取り入れたことです。これは新任保育者の保育を臨場感があふれるように示し、かつ視覚的に学びやすいように、また、保育現場でしか感じることができない、細かい心理描写（気になる子だけではなく他児や保育者も）や具体的な場面を可能な限り再現したかったからです。さらに、「以前は新任」だった保育者には、自分の一年目を追体験してもらいたいというねらいもあります。「確かにそうだった」「懐かしいな」と感じてもらえると同時に、その時の自分の対応を思い出しながら解説を読んでもらうと、さらに保育が充実すると思います。

そして何よりも「気になる子がいるクラスの保育」には、行事や集団性の芽生えなどが影響して、時期によって「困ること」「悩むこと」が出てきます。尽きることはあまりありません。つまり、「よし、一件落着」と終わるのではなく、年間を通して次から次に出てくる、まさに「一難去ってまた一難」の状態といえます。本書は、保育者の感情と照らし合わせながら構成され、個性豊かなキャラクターが（私も登場していますが少しイケメンに描かれています…）、本書に彩りを添えています。

ぜひ、自分や自分の保育と照らし合わせながら、楽しくも真剣に読み進めていってください。本書から得たものを明日からの保育に活かし、「大変だけど、がんばろうか！」と奮起する一助になることを切に祈っています。

２０１７年1月　守　巧

マンガでわかる　気になる子の保育

登場人物

▶先輩保育者 **モリ先生**（男性、36 歳）
いつも落ち着いた雰囲気のベテラン保育者。コノミ先生の成長をあたたかく見守るも、保育を語りだすと熱くなる一面も。コノミ先生のよきアドバイザー。

▶新任保育者 **コノミ先生**（女性、22 歳）
ちょっとテンション高めの新任保育者。明るいクラスづくりに努めるが、子どものクールな一言に立ち直れなくなってしまうことも。モリ先生のアドバイスを受けながら、気になる子の保育の方法を学んでいく。

▶発達が気になる子
ヤマト君（5歳）
クラスの中ではダラダラ、ゴロゴロしているヤマト君。決めれらたことをするのが苦手。年下の子とはとても仲良く遊ぶ。

▶発達が気になる子
リンちゃん（5歳）
とてもおとなしく、ほとんど話をしないリンちゃん。なんとかクラス活動にはついてきているものの、一人でいることが多い。一人でいることを本人はあまり気にしていない。

▶発達が気になる子
アオバ君（5歳）
集団活動にうまく参加できないアオバ君。こだわりが強く、みんなと一緒に行動することが苦手。本当は、クラスの友達と遊んだり、話をしたりしたいと思っている。

第1話
「気になる子」に一日振り回される
――本人理解の第一歩

もしも、担当のクラスに気になる子がいた
場合、どのようにすればいいでしょうか？
しっかり声かけをすればいいのか、
そのつど注意すればいいのか…。
新任のコノミ先生の対応法を
みていきましょう。

……
ふー
いよいよ待ちに待った
担当初日…
ドキン
ドキン
よーし
がんばるぞぉ！
みんなで
ご挨拶しましょう
おはよう
ございます！
おはよう
ございまーす！
……
あれ、一人だけ
どうしたんだろう？
アオバ君か…
まだクラスに
慣れないのかな？

みんなでお歌を歌いましょう
はーい!
ランランラーン♪
ランランラーン♪
ランランラーン♪
……
あれれまたあの子か…
アオバ君も一緒に歌いましょうね～
……
つーん…
あちゃ～無視だよ…

アオバく〜ん
お歌を歌いましょ?
……
ガタン
まいったな
も〜…
一緒に
歌おうよ
……
歌いたく
ないの?
あわわ…
ざわ
ざわ
ざわ
ざわ
早く解決しなきゃ
クラスが…

こういうときはまずほめる!
ほめて意欲を引き出す方法
前に読んだ本に書いてあったもんね!
キラ～ン!!
アオバ君はお歌上手だって聞いたよ
先生、一緒に歌いたいな～♪
♪～
さァこれでど一だ!?
ガン無視。
……
せっかくの初日がめちゃめちゃだよ～!
どうしよう!?

こだまえん
次の日もあらためてトライしてみたもののの同じことの繰り返し――
アオバ君に声をかけるたびにクラスの活動が中断
他の子ども達もおしゃべりをしたりふざけ合ったりしてクラス全体が騒然となってしまった
これじゃまるで学級崩壊…

子ども達が帰った後――
…
コノミ先生はじめてのクラスはどうですか?
も…モリ先生～
ずーん!!
えええっ?
アオバ君が全然歌に参加してくれないんですぅ～!
ちょ、ちょっと落ち着いて!
いきなり壁にぶち当たったコノミ先生
果たして解決策は見つかるのでしょうか…?
ど～ん!!

1 「気になる子」って？

みなさんは、「気になる子」と聞いたら、どのような姿をイメージしますか？　おそらく、「落ち着きがない子」「友達とのトラブルが絶えない子」「指示を聞いてくれない子」というような何らかの理由で集団生活にうまく参加できない子どもをイメージするのではないでしょうか。

気になる子は、保育者が子どもと接していて発達が気になる子であったり、何らかの違和感を抱いたりする子どもを指します。ここでのポイントは、「気になる」という感情を抱いているのは「保育者」側ということです。つまり、保育者の主観が子どもを示す手がかりとなっています。コノミ先生は、アオバ君の歌っていな

子どもの気になる行動の要因

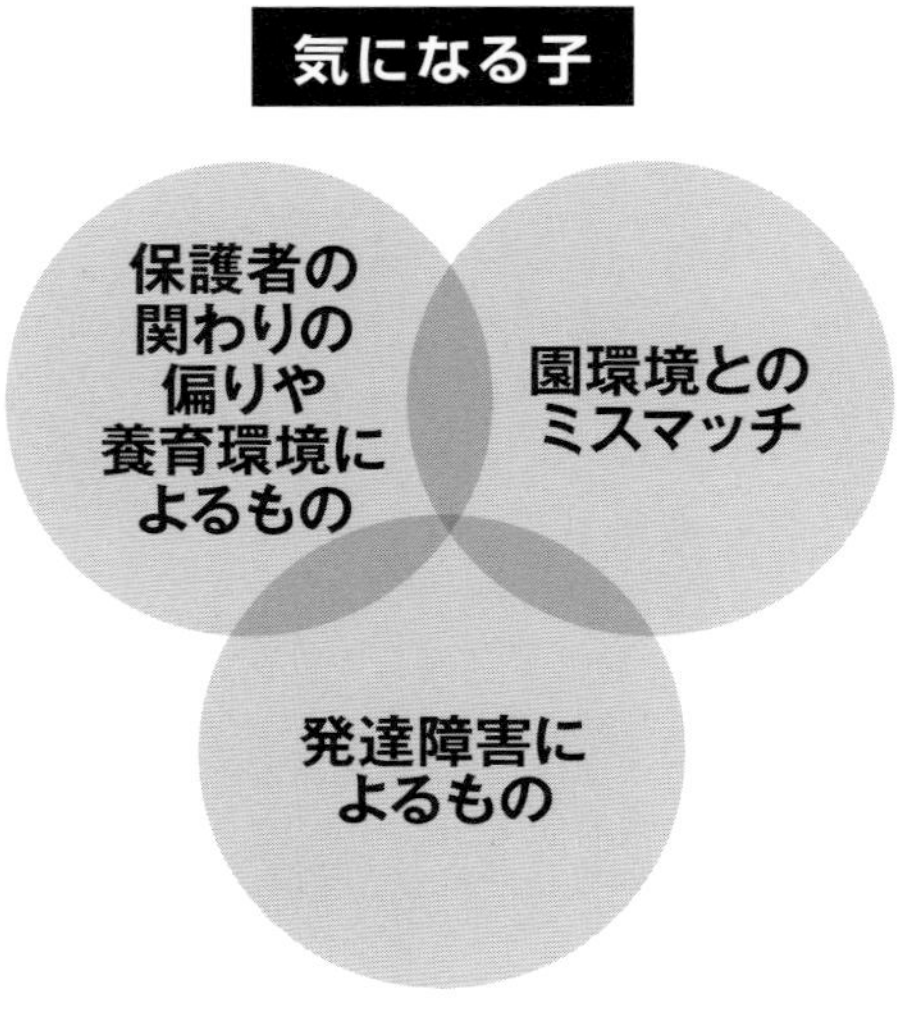
気になる子
保護者の関わりの偏りや養育環境によるもの
園環境とのミスマッチ
発達障害によるもの

い姿を「気になる」と感じています。では、アオバ君のような気になる子は、どのような背景からその行動や姿を示すのでしょうか。

気になる姿を示す背景は、大別すると３つに分類できます。

１つ目は、発達障害が原因となっているケースです。発達障害とは、生まれつき、または生まれた直後に、何らかの原因で生じる脳の器質的な障害で、認知、言語、運動、社会性などの機能の発達にゆがみや偏りが生じます。「気になる行動」＝「発達障害児」と捉える傾向がありますが、早急に結び付けてしまうと、かえって適切な子ども理解に至らないことがあるので要注意です。なぜなら、保育者が「何の障害か」を明らかにすることに力を注いでしまったり、「方法論」だけをその子に当てはめてしまったりするからです。

次に、保護者の関わりの偏りや養育環境が背景にあるケースです。近年では、慢性的に保護者からの愛情が不足している子が増えてきています。そのため、「かまって！　かまって！」という感情が強く、その姿が保育者にとって気になると感じられます。たとえば、活動中に保育者や友達から注目を浴びたい気持ちが強いため、わざと不適切な行動をしたり、落ち着いて遊びに没頭できなかったりします。残念なことですが、このタイプの子どもが急増しており、保護者への積極的なアプローチが求められる時代になっているといえます。

最後に、気になる子にとって問題行動をとってしまう園環境になっているケースです。たとえば、トラブルを誘引しやすい保育室になっていたり、（その子にとって）わかりづらい構造になっていたりします。また、保育者と子どもの相性もあります。たとえば、ルールやマナーを重んじる保育者の場合は、パワフルで元気があり、和を乱しがちな子どもを、理解しづらいという理由から「気になる」と捉える場合もあります。

いずれにしても、その子の特徴についてていねいに情報を集めながら理解し、安定した保育を目指すことが望まれます。

2 気になる子だけの問題なの？

気になる子を適切に理解するためには、優先的に探ることがあります。それは、以下の2つのことです。

①子どもの気になる行動の背景を探ること
②保育者との信頼関係を探ること

コノミ先生とアオバ君の関係を考えてみましょう。4月という時期を考えると2人の関係ができているとは言い難いのではないでしょうか。4月は、保育室に慣れていなかったり、仲の良い友達がいなかったりする時期です。このことを踏まえると、落ち着いて活動に参加したり、遊んだりすることは難しいことが予想されます。

この時期の保育に大切なことは、集団への参加状況ではなく、落ち着いて園生活を送れるよ

保育者と気になる子の関係性

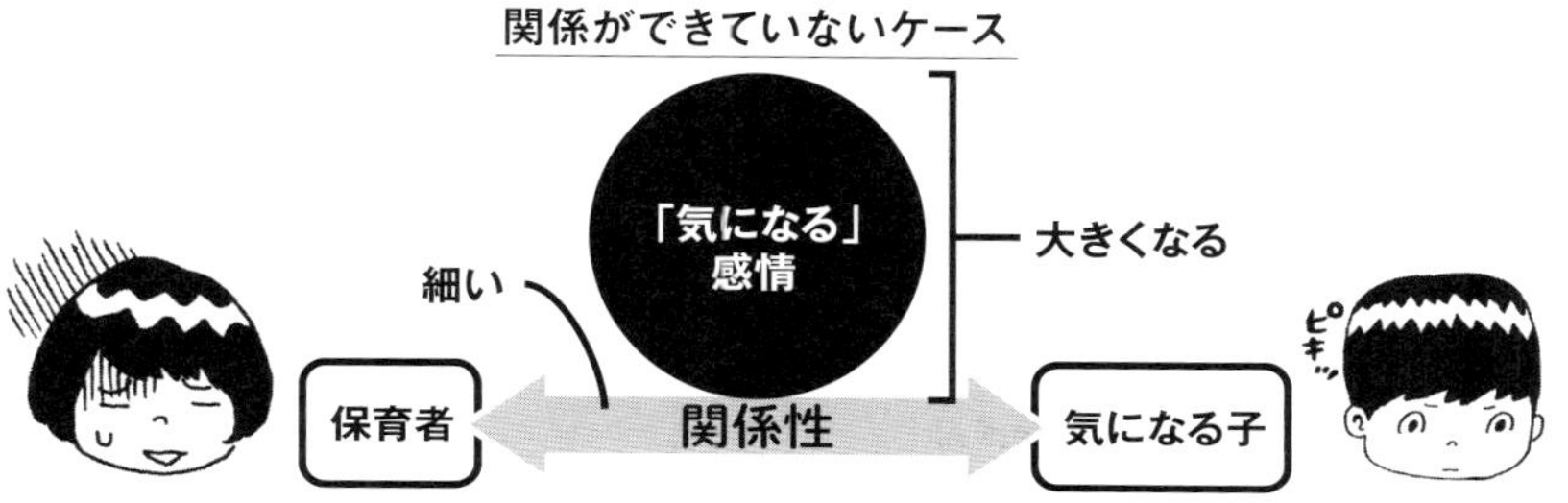

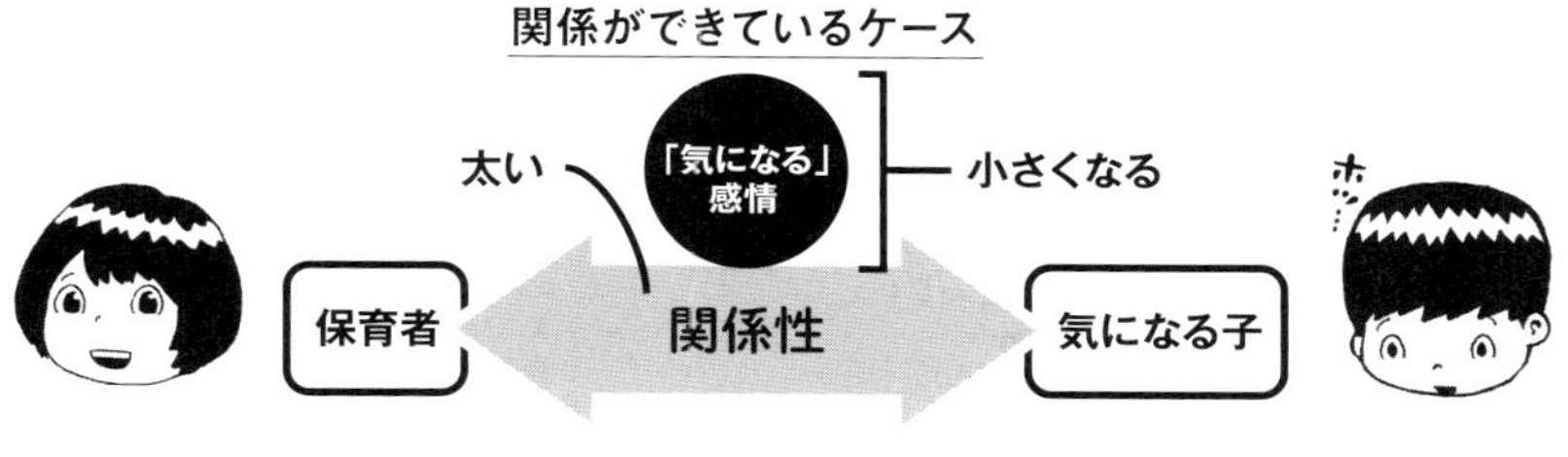

うな雰囲気づくりや安定を促す関係づくりです。先にも述べたように、「気になる」のは保育者の感情です。つまり、保育者と子どもの関係性の上に「気になる」感情があるのです。関係性が向上すれば、気になる感情が軽減することもあります。

どの子も同じですが、その子らしさを発揮するためには保育者と子どもの間に安心できる関係性が成り立っていることが前提です。アオバ君とコノミ先生の関係を例に挙げると、まだ関係を「つくっている」段階と考えられます。「集団に参加させよう」とする前に、「コノミ先生がいるから僕は大丈夫」「コノミ先生が見ていてくれる」といった安心感を抱いてもらえるような関わりを優先したほうがよいでしょう。

3 気にしなければならない子

コノミ先生が、アオバ君とゆっくりていねいに関係をつくり、安定した状態で園生活を過ごしたとしても、それでもやはりアオバ君が気になる子として映るのであれば、それは「気にしなければならない子」といえます。このような子は、困っていることを「大きなアクション（行動）付き」で周囲にアピールしていることが多いです。「アクション付き」というのは、活動中に席を離れたり（この活動、わからない！）、すぐに友達に手を出したり（思うように言葉で伝えられない！）という意味です。他の子とは違う、何らかの配慮が必要だといえます。

しかし、保育者の中には「他児と違うことは特別扱いになり、障害などのレッテルを貼ることにならないか…」と躊躇《ちゅうちょ》する保育者もいます。しかし、発達の専門家である保育者が「気になっている」段階で、その子は「気にしなければならない子」といえます。自信をもってよいと思います。仮に間違っていたら、その時に関わり方を変えればいいのです。逆に、そのままにして、何も対応しないことのほうが問題を大きくしてしまいます。

気になる子は、毎日登園します。毎日過ごす空間なので、関わり方や環境が「日常的」になってしまいます。そのため、保育者自身で自分の保育を客観的に振り返るのは難しい面があります。保育者は、気になると感じた時には手厚く関わりたいものです。

第2話
「気になる子」をしっかり見つめてみる
――行動に込められた本人からのサイン

保育者はなぜ、気になる子に対して
困ってしまうのでしょうか？
もしかすると、困っているのは
気になる子自身かもしれません。

無反応に見える子でも きっと自分の気持ちを 伝えたいと 思っているはず…
アオバ君の行動も 何かの〝サイン〟なんじゃ ないでしょうか?
……
う〜ん…
昨日はつい 「集団行動ができないのは 問題だ!」と思って テンパっちゃったけど
あわわ
そーか、サインか…
よーし!!
今日はアオバ君の 心のサイン 見逃さないぞ!!

今日もみんなで
お歌を歌いましょう
最初は
誰でも知ってる
『桃太郎』ですよ
はーい!
……
もーも
たろさん
ももたろ
さん♪
…ももたろさん♪
!!
アオバ君が
歌ってる!
今まで歌わなかったのは
「困らせたい」からじゃなくて
知らない歌に対する
戸惑いの表れだったのかも…
歌わない!!
だってその歌
知らないんだもん!!
「歌わない」は
アオバ君からの
サインだったんだ!

次はテレビでやってるアニメの曲ですよ
わーい！
他の曲だと相変わらずか…
……
そういえば昨日も一昨日も私が取り上げてたのって
流行の曲ばっかりだったよね…
子どもソングベストヒット
子ども達のハートをゲットしたくて…
もしかして自分が知らない曲を歌わされたアオバ君は
わからない おもしろくない…
「わからない」「おもしろくない」って気持ちでいっぱいになって活動に参加しなくなっていたんじゃないかしら…？

アオバ君
このお歌
知らないの？
!!
教えてあげるから
いっしょに歌お！
……
私はアオバ君を
問題児扱いしてたのに
クラスの子ども達は
一人の仲間として
アオバ君と関わろうと
してるんだ…

その後、アオバ君は不安そうにしながらも少しずつ参加することができた――
ああまだまだだな私…
でもできることはまだきっとたくさんあるはず！
先生さよーならーー！
さようなら！また明日ね！
こだまえん
さてと…

モリ先生！
ガラッ!!
コノミ先生？
先生
質問があります！
アオバ君にも
得意な部分と
苦手な部分が
あるんじゃ
ないでしょうか!?
それから私
アオバ君の
本当の気持ち
ちょっとだけ
わかったような
気が…！
それからそれから
クラスの子が
アオバ君が
歌うのを
助けてくれて…！
ようやく小さな一歩を
踏み出したコノミ先生——
で、できれば
質問は一つずつ…
うる
うる
私ってば
もう感動
しちゃって！
だけど道のりは
まだまだ遠そうです…

1 気になる子が発するサイン

気になる子の多くは、自分の気持ちや考えを相手に伝えることが苦手です。そのため、気になる子の実態を適切かつ迅速に把握することは難しいといえます。このことが気になる子への保育が難しいと感じる点かもしれません。もし、アオバ君が「ぼく、よく知らない歌だと歌えない」とコノミ先生に話していたら、コノミ先生は何らかの対応をしていたかもしれません。

ここで大切なのは、〝行動として出てくるメッセージをどう受け止めるか〟です。この意味では、子どもとの「言葉以外」によるコミュニケーションをいかに充実させるかは保育者の専門性の1つといえます。保育中、気になる子が抱く

サインの捉え方と対応の違い

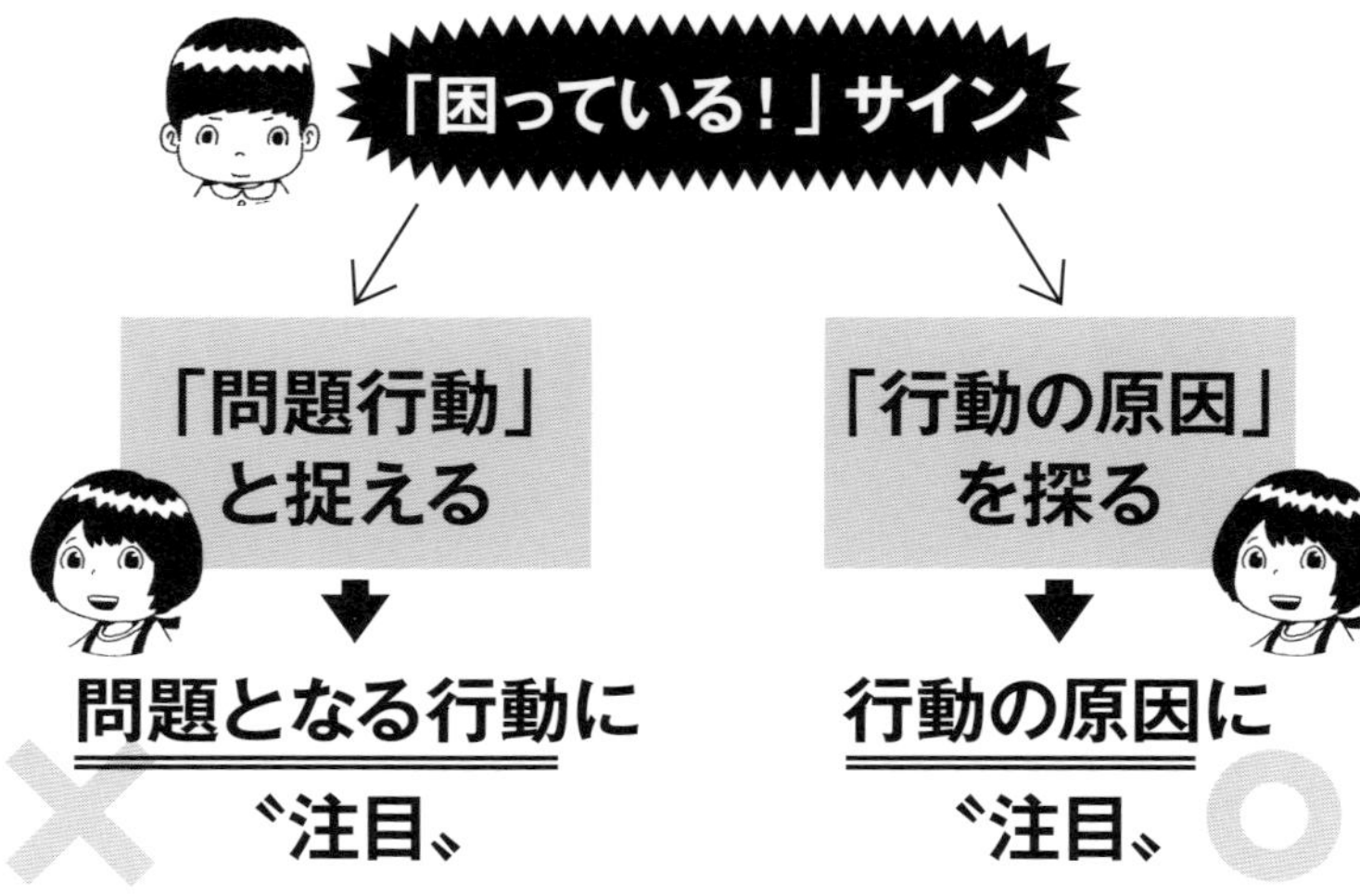

「困っている！」サイン
「問題行動」と捉える
問題となる行動に〝注目〟
「行動の原因」を探る
行動の原因に〝注目〟

〝わからない〟〝苦手〟〝やりたくない〟〝こわい〟という気持ちを、保育者は「困った行動」として捉えがちです。保育者の捉え方ひとつで、気になる子が発する行動の意味が変わってきます。もし、保育者が子どもの行動を「問題行動」として捉えた場合、問題となる行動ばかりに目が向いてしまいます。すると、保育者はその行動を「少なくなるように」「なくなるように」することばかりに力を注いでしまいます。

では、視点を変えて気になる子の行動を「なぜ、そのような行動をするのか?」と原因を探るような洞察的な視点にしたらどうでしょう。アオバ君の場合、「歌うことが苦手?」「知らない歌は苦手?」「歌詞を覚えるのが苦手?」など行動の原因に目を向けます。わかった原因は、気になる子に伝えるとよいでしょう。気になる子が感じる「僕の(私の)ことわかってくれた!」という気持ちは、保育者との信頼関係の土台となります。

実は、このことは気になる子だけにとどまらず、子どもとの関係をつくるときには欠かせない要素なのではないでしょうか。大人でも自分の気持ちを理解してくれる人を信頼し、心を開くものです。見方を変えると、コノミ先生はアオバ君と信頼関係を築くいい機会といえます。

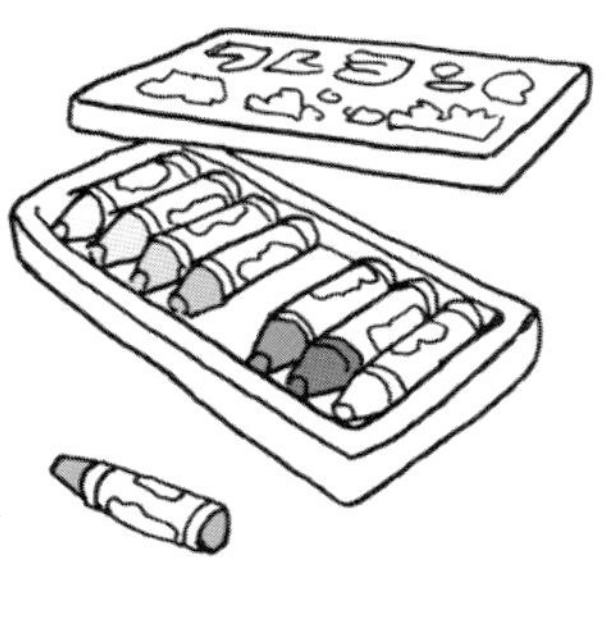

2 特別な配慮が有効に働くために

みなさんは、「特別な配慮」という言葉から何を連想しますか？　おそらく特別支援教育との関連から発達障害を意識する人が多いのではないでしょうか。そして、特別な配慮を実践するには、「発達障害の知識や技術が必要となる」と強く感じる保育者も多いと思います。たしかに、特別な配慮をするためには、発達障害の専門的な知識や技術は必要です。しかし、発達障害の知識や技術がないから、気になる子への配慮を実践できないとは限りません。特別な配慮は、通常の保育が充実してはじめて適切に機能します。

つまり、特別な配慮は、通常の保育と「別物」ではなく、通常の保育の延長線上に位置しているといえます。「保育」を充実させていくことは、「気になる子への保育」を充実させることにつながります。

責任感が強い保育者ほど、気になる子との関わる回数を増やそうとします。関わりを強めることは悪いことではありませんが、場合によっては集団を捉える視点が定まらなくなります。たとえば、コノミ先生がアオバ君との関わりを強めることで、他児との接点が失われ、アオバ君に歌詞を教えようとする他児の姿を見過ごしてしまうかもしれません。冷静に一歩引いてクラスに目を向けてみると、気になる子に関わろうとする友達が多いことに気づくでしょう。他児は、その子なりに気になる子を理解し、関

支援の三角形

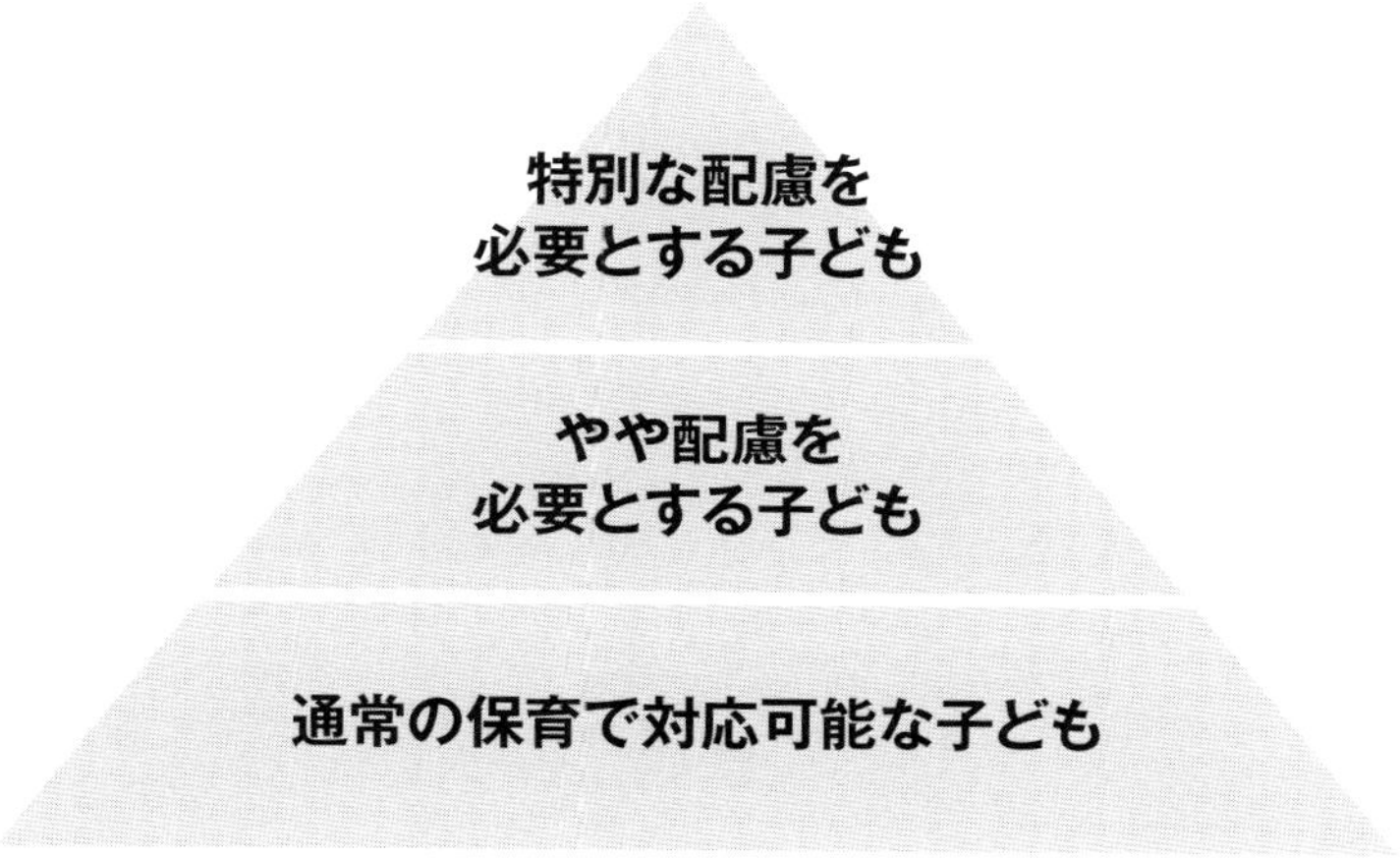
特別な配慮を
必要とする子ども
やや配慮を
必要とする子ども
通常の保育で対応可能な子ども

わりをもとうとします。アオバ君のように友達の力を借りながら、歌詞を覚えようとするかもしれません。

「私（保育者）の話は聞こうとしないのに、なぜか友達の話は聞こうとする」という苦い経験をしたのは、筆者だけではないはずです。通常の保育が充実して個人が育っていくと、集団が育っていきます。集団が育つと子ども達は自分で生活を組み立てようとし、気になる子を含め、他児をフォローする姿が多くなっていきます。

3 クラスの中の気になる子の存在や役割は？

子どもの育ちの基本は、大人への信頼や安心が基盤となります。そして、大人との信頼関係を基盤としながら、徐々に友達との関わりを広げていきます。子ども同士が関わり合いながら育つ環境は、一人ひとりの発達に応じた育ちの環境と言い換えられ、これが保育の基本となります。

しかし、集団参加が難しい気になる子は、さまざまな活動で参加しない場面が多くなります。気になる子の活動への参加の仕方は、他児とはかなり違います。それなのに、保育者はどうしても気になる子に強く集団への参加を促してしまいます。他児と同じ結果を求め、気になる子を他児に「近づけよう」としてしまいます。

心に留めておきたいことは、一人ひとりの子ども達が、その活動を通してどのような経験をして、何を学ぶのかをていねいに考えていくということです。

先に述べたように、気になる子はさまざまな姿を示しながら、保育者に困っていることを伝えています。クラスの子ども達に注意深く目を向けてみると、実は言葉ではない方法で保育者に〝何か〟を伝えている子どもは、けっして気になる子だけではないはずです。さらに言えば、クラスの子ども達は、アオバ君を「気になる子」ではなく一人の仲間として関わっている様子も見えてくるのではないでしょうか。

第3話
はじめて気づいた「気になる子」の心の声
――信頼関係を築いていく

気になる子が安心できる関係、
環境とはどのような状況でしょうか？
模索することで少しずつ
見えてくることがあります。

数日後――
みなさーん ちょっとこちらを 見てくださーい!
わー! なんだこれー
今日は このカードで 進めますよ
紙芝居?
うさぎとかめ
カメさんだ!
最初は みんなが知ってる 『兎《うさぎ》と亀《かめ》』を 歌います
さっ
2曲目は 最近流行りの 『イカタコディスコ』
歌を知らない子でも わかるように 少しずつ練習して いきます
はーい!

ドキドキ
……
ドキドキ
アオバ君
最初に「歌遊び」と
聞いたときは
表情が固かったけど…
表情の変化
ピキッ
ホッ…
自分がよく知ってる
曲からはじめる
ことがわかると
安心したみたい
『兎《うさぎ》と亀《かめ》』
（よく知ってる）
うさぎとかめ
『イカタコディスコ』
（知らないけど少しずつ練習）
イカタコディスコ
……
心の中に
「見通し」が
できることが
彼にとっては
すごく大きいの
かもしれない…
昨晩
夜なべして
カード作った
甲斐が
あったわ～♥
じーん…
先生、絵
へたくそ
だよね…
うん…

という訳でスタート！
もしもし亀よ～♩
亀さんよ～♩
うん やっぱりこの曲はちゃんと歌えてる
みなさんとってもお上手でした じゃあ次は最初に言った通り最新曲の『イカタコディスコ』
一節ずつ練習していきましょうね
さーてアオバ君乗ってくるかな…？
イカタコディスコおどっちゃえー♩
キタ～!!

クラスの子のまねをしながら新しい歌の練習にはじめて参加したアオバ君――

イカタコ イカタコ ぐにゃぐにゃダンス
これにて一件落着う♩

我ながらよくやったぞコノミ!

おや…?

……

最初は新しい歌に興味を示したアオバ君だったが1曲を歌い切る頃には練習から外れて一人だけ窓の外を眺めていた…

う〜ん残念!

でも、少しでもトライできたんだもんこれってかなりの進歩だよね?

すごいねアオバ君!練習に参加できたね!

……

ごたまえん
先生
さよーなら－！
さよなら～－！
今日はアオバ君の
「できる」ところを
伸ばして
新しいことに
一緒に取り組む
ことができた
やっぱり大事なのは
アオバ君の心の声を
しっかりキャッチして
クラスの
子ども達と一緒に
支え合うことなんだ！
これって
アオバ君と
私の間で…
信頼関係が
少し築けたって
ことなのかな…

スキップスキップ
ぴょん
ぴょん
ランランラ〜ン♪
もしかして何かいいことありました?
うふふ♥わかっちゃいます〜?
教えてくださいよ
言っちゃおっかな〜?どーしよっかな〜?
小さいけれど確かな進歩——
…コノミ先生人から面倒臭いって言われません?
ちょっと!何ですかそれ!?
すっかり浮かれるコノミ先生なのでした…

1 気になる子と居場所
——クラスに目を向けてみる

気になる子の多くは、緊張したり、不安になったり、あるいはどうしていいのかわからなかったりすると気になる行動を示します。たとえば、「立ち歩く」「怒る」「大きな声を出す」「並ばない」などが挙げられます。保育者にとっては、とても気になる行動です。第1話でも述べたように、それらは、「今、何をしたらいいかわからない！」という本人からのアピールと捉えていいでしょう。

しかし、このことを保育者が適切に理解していないと、毎日のように気になる子は、注意や叱責、指示、状況によっては行動の制限や禁止など、否定的な関わりを受けることになります。このような状況では、その子は自分の良い面が出せません。

また、保育者が気になる子に対して、常に否定的な関わりをしていると、クラスの友達も否定的な関わりをするようになります。気になる子は、保育者からの注意や叱責が多いと自信をなくしてしまい、自分に自信がないので、行動が委縮してしまいます。そして、委縮をすると思うような行動ができないため、さらに失敗します。実は、この悪循環に陥っているケースが少なくありません。

そこで、コノミ先生のように、アオバ君ができそうなところに目を向けて肯定的な関わりを強めると安心感をもってもらうことができます。

気になる子の負のスパイラル

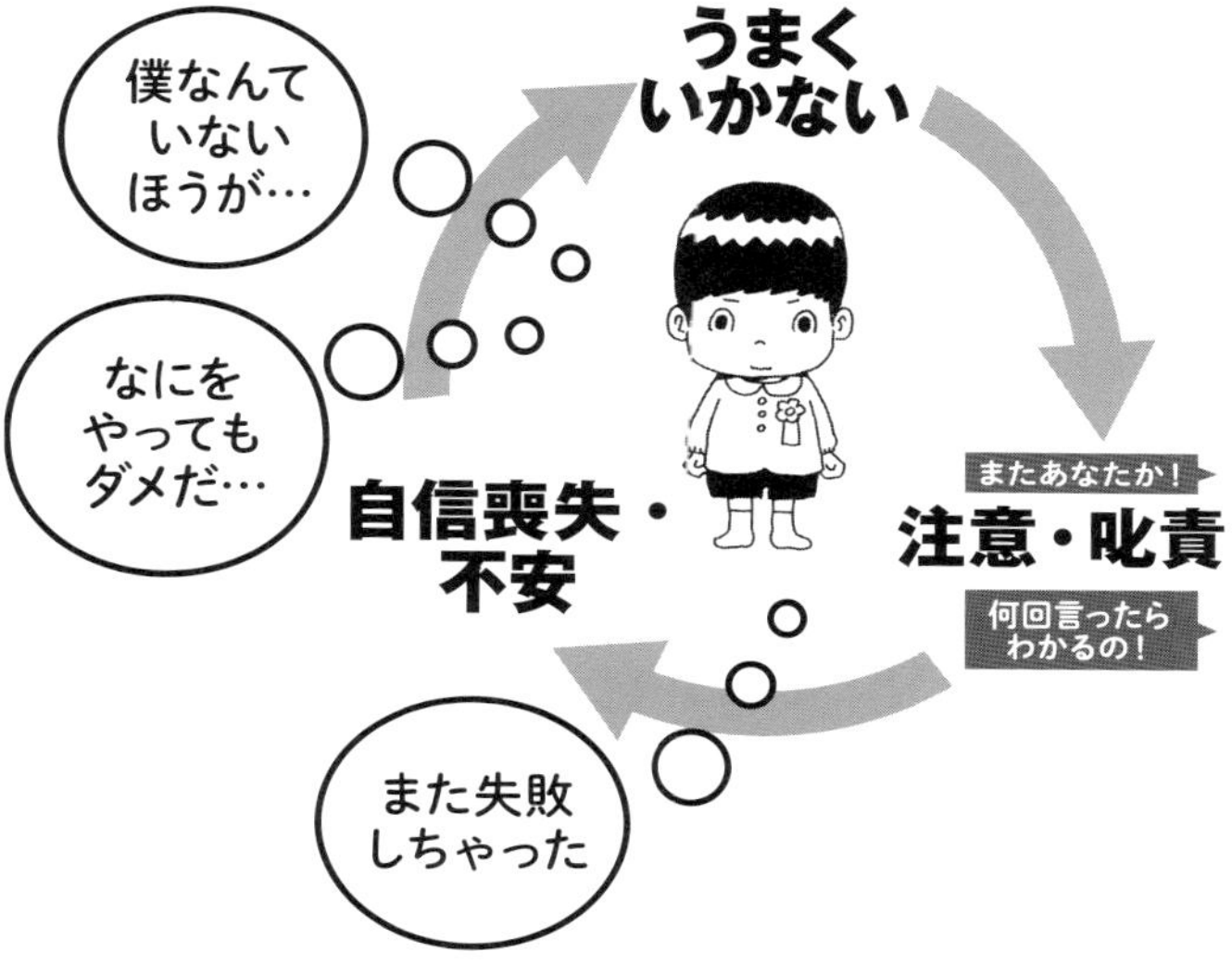

コノミ先生は、アオバ君の「見通しがもてないと不安を感じる」という課題に対し、「知っている得意な曲から活動をはじめる」という見通しがもてる関わりをしました。そのことがアオバ君の活動の「手がかり」になり、参加の動機づけとなったのです。

それだけではありません。コノミ先生がアオバ君を認める姿を、クラスの友達は見ています。つまり、コノミ先生のアオバ君への肯定的なまなざしは、他の子ども達にも伝わるのです。

保育者であれば誰しも体験したことがあると思いますが、子ども達はこちらが驚くほど保育者の動きやまなざしを捉えています。そして、まねをします（筆者はときどき東北なまりが出るのですが、よくまねされた記憶があります…）。

次に、クラスを捉える視点として大切なことは、〝機械的に〟個別的な関わりを増やすだけでは、アオバ君の変化は望めないということです。アオバ君に対してクラスに排除するような雰囲気があれば、「個別的な関わり」が一転して他の子にとって「ひいき」として映ります。この点を踏まえないと、個別的な関わりを強めれば強めるほど、アオバ君に対して否定的に受け止める子どもが増え、クラスに重い空気が流れ、アオバ君の居場所がなくなっていきます。そして、最後には孤立することもあります。

気になる子への保育には、あたたかい雰囲気をクラスに醸成させることが大切です。あたたかい雰囲気の中では、子どもも安心感がもて比較的落ち着いて行動することができ、気になる行動が減少していくこともあります。

2 できることに目を向けてみる

気になる子への保育で大切なことは、その子が得意なことや好きな遊び、あるいは好きな友達のタイプなど、良い面に着目をすることです。関わりに困っているときは、どうしても「気になる面」＝「保育者が困っている面」に目が向きがちになります。すると、先にも述べたように集団の中で問題行動と感じることを「やめさせよう」「止めよう」という気持ちが強くなってしまいます。そうなるとどうしても保育者は注意をすることが多くなり、「(気になる子の)名前を呼ぶときは注意をするとき」という場面が多くなってしまいます。

気になる子も、保育者から名前を呼ばれるたびに委縮したり、不快な気持ちを抱いたりします。気になる子は、自分でもいけないことはわかっていながらも保育者にとって気になる行動を続けてしまいます。するとさらに、気になる子は注意を受けることになってしまいます。

実は、この悪循環に一度陥ってしまうと、保育者も気になる子もなかなか抜け出すことが難しいです。そこで、悪循環に陥る前に、可能な限り良い面に目を向けていく必要があります。

これまで述べてきたように、気になる子の保育には、保育者と気になる子との良い関係が不可欠です。すべてのはじまりは、ここからです。また、気になる子の良い面には、その子が発達していく芽が隠れており、保育の具体的な展開が見つかることもあります。

コノミ先生のようにアオバ君の良い面を引き出そうとすると「保育実践」に変化がうまれます。気になる子は、自分自身のこと（自分の気持ちや考えなど）をうまく自覚できない特性があり、この意味では子どもも本人の自覚を促すような関わりも保育者には求められます。

3　100％肯定的に関わることは難しい

繰り返しになりますが、コノミ先生のアオバ君に向ける視線を他児は確実に見ています。保育者は常にこのことを意識しておきたいものです。しかし、そうはいってもいつも気になる子に100％の肯定的な関わりをすることは現実的に難しいです。それができる保育者であれば、本書を手に取る必要はないからです。

気になる子の繰り返し起こすトラブルに、保育者は困惑しながら関わることもあるでしょう。返答につまったり、困った表情をしたりすることも多いと思います。保育者は、そのような状況を避けたりすることもあるでしょう。しかし、困惑を覆い隠し、取りつくろうのではなく、素直にそのまま表現してよいと思います。なぜなら、それを見ている子どもは、その子なりに気になる子を受け止め、「困惑しながらも誠実に（気になる子と）向き合っている先生」として受け止めるのではないでしょうか。

筆者の経験では、そのように受け止めてくれた子は、その子なりに気になる子と関わる際のアイデアを出してくれたり、後でさりげなくフォローしてくれたりしました。

第4話
クラスの雰囲気が何だか変!?
──あの子だけ「ズルい!」

そんなつもりじゃなかったのに、
なぜかクラスがまとまらない…。
個と集団に対する
保育の難しさ。

そのまた数日後——
今日もいつものように みんなが知ってる歌 からはじめましょうね
1曲目は『鯉《こい》のぼり』ですよ♪
おっアオバ君 いい笑顔だね!
にっこり
……
どよ〜ん…
うわ… 何これ? ノリ悪っ!!

また
その曲ぅ？
つまんないよ～
もう飽きた！
何この
リアクション…
上機嫌なのは
アオバ君だけ？
はっ・・・!!
当たり前だけど
この子達は
一人一人違うんだ
成長の仕方も
興味の対象も
さまざま―
こんな反応が
出てくるのも
当然なのかも
しれない…

もっと違う歌が歌いたい！
クラスの子ども達から一気に溢れ出る不満や要望…
アニメの歌がいいよ〜！
リズム遊びもいっぱいやりたい！
うわぁ〜！クレームの嵐！
いったいどうしたらいいのぉお!?

アオバ君だけ特別扱いでズルい…

ズルい!!

そうだ…私アオバ君ばかり見ていたんだ…!

興味関心の幅が狭い発達が気になるアオバ君をフォローしようと彼の発達や興味を最優先して保育を考えていたんだ―

でもその反面他の子ども達のことが手薄になっていた…

アオバ君に合わせるか？
二者択一!!
クラスの子ども達に合わせるか？
OR
個人をとれば集団に不満が生じ
集団をとれば個人が取り残される
個人
集団
どちらか片方なんて選べる訳ない…
いくら考えても堂々めぐりだよぉ〜!!

も…
モリ先生…
コノミ先生!?
シュウウウ
考えすぎて
脳がオーバーヒート
起こしましたぁぁ…
ぜ～
ぜ～
ちょ、ちょっと
大丈夫?
とりあえず
水飲んで水!
壁を超えたと
思ったら
さらに大きな
もう一つの壁——
ドドドド～ン!!
そんな
あああ!!
我らがコノミ先生は
果たして立ち直ることが
できるのでしょうか…?

1　アオバ君に注目しすぎたコノミ先生

気になる子がいるクラスを担任（担当）した保育者は、コノミ先生と同じような体験をしたことはないでしょうか。これまでコノミ先生は、迷いながら、悩みながらも順調にクラス運営をしてきているように思えます。では、何につまずいてしまったのでしょうか。

気になる子の保育には、個別の支援は欠かせません。ただ、コノミ先生のクラスのように、個別の支援を強めることが「クラスがまとまる」という方向には働かないことがあります。コノミ先生のように熱心にまじめに保育に取り組むことは、保育者として決して否定されるべきこ

保育者が関わる頻度

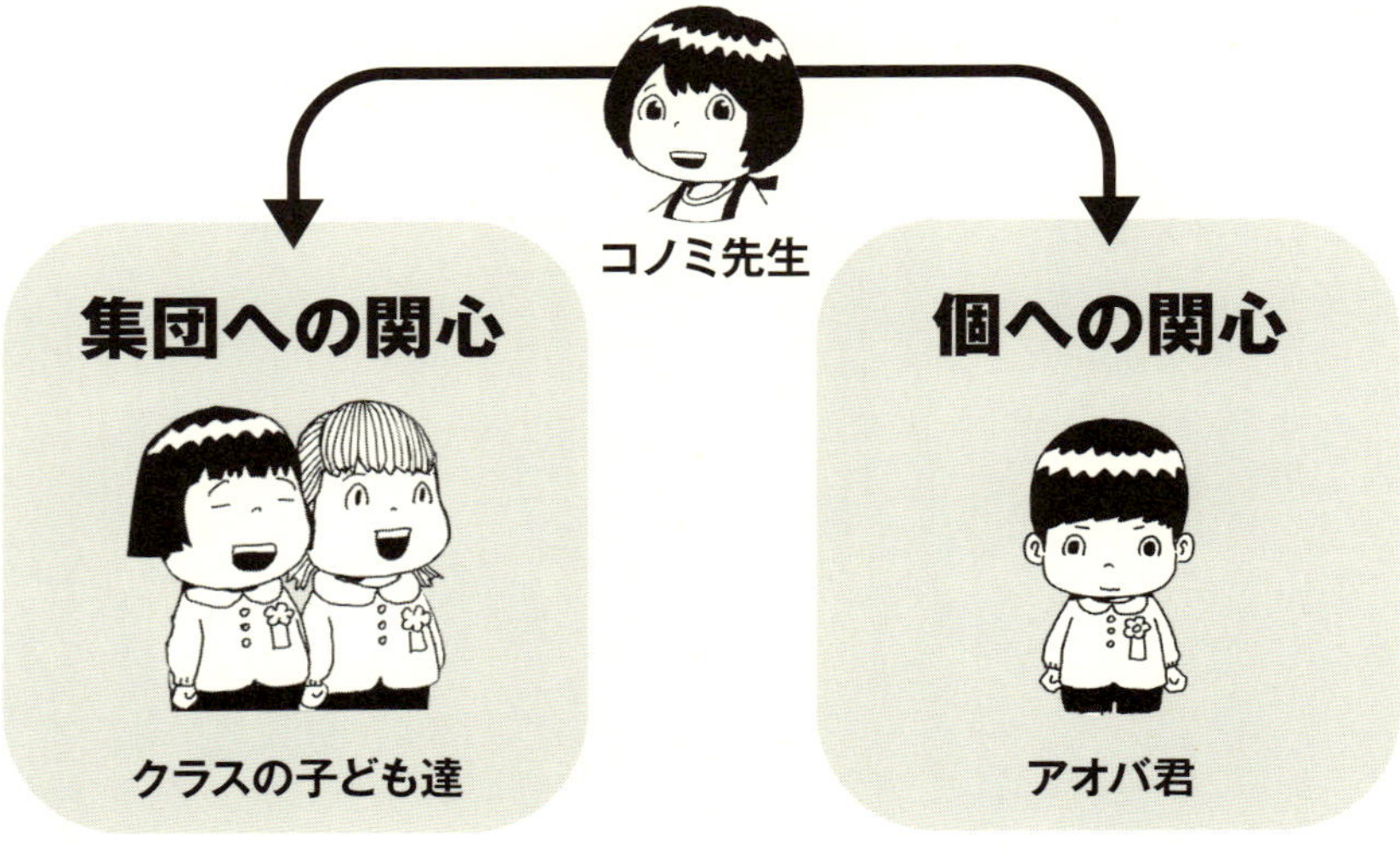
コノミ先生
集団への関心
クラスの子ども達
個への関心
アオバ君

とではなく、むしろ保育者の鏡のようです。

しかし、熱心すぎるあまり、コノミ先生はアオバ君に注目や関心を集めすぎていました。次第にクラスメートは、コノミ先生からアオバ君に注がれる視線に過敏になり、うらやましい気持ちがたまっていったのかもしれません。他児は「コノミ先生はアオバ君ばかり見ている」と感じ、「自分も〝アオバ君のように〟注目されたい！」という思いが募っていったと考えられます。

気になる子がいるクラスを担任（担当）した保育者であれば、コノミ先生のようにハッと気づかされることがあるのではないでしょうか。激しく動揺する場面のひとつでもあります。

2 他児の「ズルい！」を考える

では、「ズルい！」と感じている子どもの気持ちに思いをはせてみましょう。この場合であれば、「僕は我慢しているのに、どうしてアオバ君が好きな歌ばかり歌うの？」という気持ちになっています。他児もコノミ先生に注目してもらいたいし、アオバ君のように自分の気持ちも聞いてもらいたいのです。この点を、理解しなければなりません。

このような訴えをする子どもは、その子自身に何か満たされない思いやかまってほしい気持ちがあります。保育者は、子ども一人ひとりが「今、何を求めているのか」「どんな関わりが必要なのか」ということに心を配っていくことが求められます。そして他児の指摘を受け止めて、自分の至らなさに対してはきちんと謝ることも時には必要です。

コノミ先生は、他児からアオバ君への関わり方について直接的ではないものの、異を唱えられました。しかし、異を唱えられる子ども達でよかったと思います。なぜなら、他児が正直に「ズルい！」と言ってくれたからよかったものの、これらの気持ちが表面化しなかった場合は、かなり困ったクラスになってしまうからです。

他児のアオバ君への不満が募れば、同時にコノミ先生への不満も募っていきます。そして、他児とアオバ君との関係も悪くなっていきます。ますます、アオバ君は遊ぶ友達が少なくなり、孤立していきます。また、他児はアオバ君を擁護しているようにも映るコノミ先生とも関係が悪くなっていきます。次第にコノミ先生とアオバ君がセットになり、他児と対立する縮図となるのです。

そうなるとアオバ君が孤立するので、さらに気になる行動が増えていき、それにコノミ先生がさらに関わる、ということになります。ますます、コノミ先生とアオバ君との関わる時間が増え、他児の不満が増えていくことになりかねません。

子ども達の間で「(アオバ君に) 言ってもしょうがない」「アオバ君だからしょうがない」「どうせコノミ先生は聞いてくれない」というあきらめにも似た気持ちが他児に定着すると、クラス集団としての機能がなくなってしまいます。

二極化の構造

3 「個」と「集団」への保育の注意点

気になる子がいるクラスでのクラス運営は、保育経験が長い保育者でさえ難しいです。ましてや、コノミ先生のように新任保育者の場合は、自分が望むようなクラス運営ができる人は少ないかもしれません。ある意味、このような状況でのクラス運営は、多様な知識や技術が求められる保育の「応用編」だといえるでしょう。

これまで、アオバ君への関わりを強めれば強めるほど、クラスとしてのバランスを失うと述べてきました。ここまで読み進めた読者のみなさんは、「そうか！　ではアオバ君（個）ではなく、他児（集団）を優先した方がいいんだ！」

と感じたかもしれません。つまり、「個」よりも「集団」を優先すべきだと思ったかもしれません。

ここでのポイントは、優先順位を決めることではなく、「個」も「集団」も優先するということです。つまり、どちらか一方にこだわらず、どちらも大切にするのです。

筆者がよく例えに出すのは、「竹馬」です。仮に右足を「個」、左足を「集団」とします。竹馬の歩き始めは、左右どちらからかにこだわらず、まずは「前進すること」を優先します。倒れないためにも前進をしなければなりません。これをクラス運営に例えると「個」と「集団」のいずれかにこだわらず、まずは竹馬のように小刻みに取り組んでいきます。

竹馬は、歩き始めこそ不安定でかつ歩幅は狭いですが、スピードに乗ってくると安定し、歩幅が広くなります。「個」と「集団」を優先させながら「前進することが大切！」と割り切って進み、クラスが安定してくると双方にかける時間が確保され、安定したクラス運営になっていくでしょう。

第5話
「先生、私も見て！」クラス全体に応えていく
——子ども同士がつながるクラスづくり

子ども達自身の育ちを支える保育とは？
そのための保育者の役割、
環境づくりがカギになります。

翌朝、コノミ先生の自宅アパート
結局、いくら考えても結論は出なかった…
だけど間違いないのはー
「アオバ君も他の子ども達もクラスの子みんなが大事」ってこと
ここを出発点にして
自分なりに試行錯誤してみよう！
今日は先生歌を歌う前にみんなに相談があります
『兎《うさぎ》と亀《かめ》』や『鯉《こい》のぼり』みたいな昔からある歌と
新しい流行りの歌やアニメの歌どっちを歌いたい？

新しい歌！
アニメの歌！
…うん
やっぱり
そうだよね
じゃ、今日はアニメの曲を歌いましょう！
わーい！
……
不安だよね…
にこっ
でも大丈夫だよ
アオバ君
この曲を知らない友達もいると思うので
先生
歌詞を
用意してきました
これを見ながら歌いましょうね
となりのペロロ
となりの
ペロロ ペロロ
むかいの
パロロ パロロ
きんじょの
ピロロ ピロロ
となりの となりは
『となりのペロロ』だ！
やった〜！
よかった…
アオバ君
少しほっと
したみたい

となりのペロロ♩
ペロ〜ロ♩
自分達で選んだ歌だけあってみんな元気よく歌えてるなぁ！
さてさてアオバ君は…
……
今歌ってるのココだよ
A子ちゃんナイスフォロー!!
アオバ君も徐々に歌い出しみんなで楽しく歌うことができた――

お昼ご飯の時間
食事中なのにアオバ君と数人の子が席を立って、他の子にちょっかいを出している
あらら～アオバ君たらまた立って歩いてる
アオバ君はなかなか言うことを聞いてくれないのよね…
遊びたい気持ちはわかるけど食事のルールも大切にしましょうね
お昼ご飯のルール
今までだったらアオバ君をマンツーマンで注意してたとこだけど
今日はあえて他の子を含めた**全員**に向けて…

はーい
はーい
ガタン
……
よーし！
お友達の様子を見て
自分から戻った！
ガタッ
先生
アオバ君
自分で
戻ったね！
そうだね♪
アオバ君を
問題児扱いして
他の子達から
切り離すんじゃなくて
子ども同士の
「支え合う力」
を信じたら
うまくいった…
なんとなく
わかってきた
気がするぞ！

コノミ先生
今日は
大丈夫でした？
昨日はエラい
落ち込んで
ましたけど…
チッチッチッ
モリ先生…
ナメちゃ
いけません！
子ども達にはもともと
「支え合う力」が
あるんです
私たちは
その力を引き出す
手助けをしてあげれば
いいんですよ！
ほう…
それはそれは…
スゴいじゃ
ないですか
コノミ先生！
ようやく
一つの答えに
近づきつつある
コノミ先生――
そもそも
育ちと
いうのは
ですねェ
……
でも
調子に乗りすぎは
禁物ですよ…

1 クラスの雰囲気が大切

第3話で気になる子の「居場所」についてふれました。これは、「自分のロッカーがある」「イスがあって自分の座る場所がある」という物理的な居場所ではありません。心のよりどころともいえる、「心の居場所」を指します。

この心の居場所は、障害の有無を問わず、さらに子ども・大人を問わず、どのコミュニティでも求められる場所です。みなさんは「私はここにいていいのかな?」と感じる場所では、居心地が悪く、不安に感じませんか?

居場所とは、良好な関係の人々に囲まれ、「私は、ここにいていいんだ」と感じ、役割がある場所だといえます。気になる子は、この居場所を自分でつくることがなかなかできません。気になる子は、気になる行動を繰り返したり、他児から「あの子は特別扱い」と受け止められたりすることが多いので、他児と比べても格段に居場所を見つけることが難しいです。そこで、居場所をつくるために不可欠となるのは、保育者の存在です。保育者が中心となって居場所をつくっていきましょう。

まずは、気になる子を受容するあたたかい雰囲気をクラスに醸成させます。雰囲気は、「目に見えないもの」のためわかりづらいですが、まずわかりやすく整理することが求められます。

たとえば、雰囲気が「つめたい」と感じるクラスの場合を考えてみましょう。気になる子への見方が厳しくなり、他児から注意や心ない言葉を受けたりします。すると、気になる子は、

子どもの気になる行動の要因

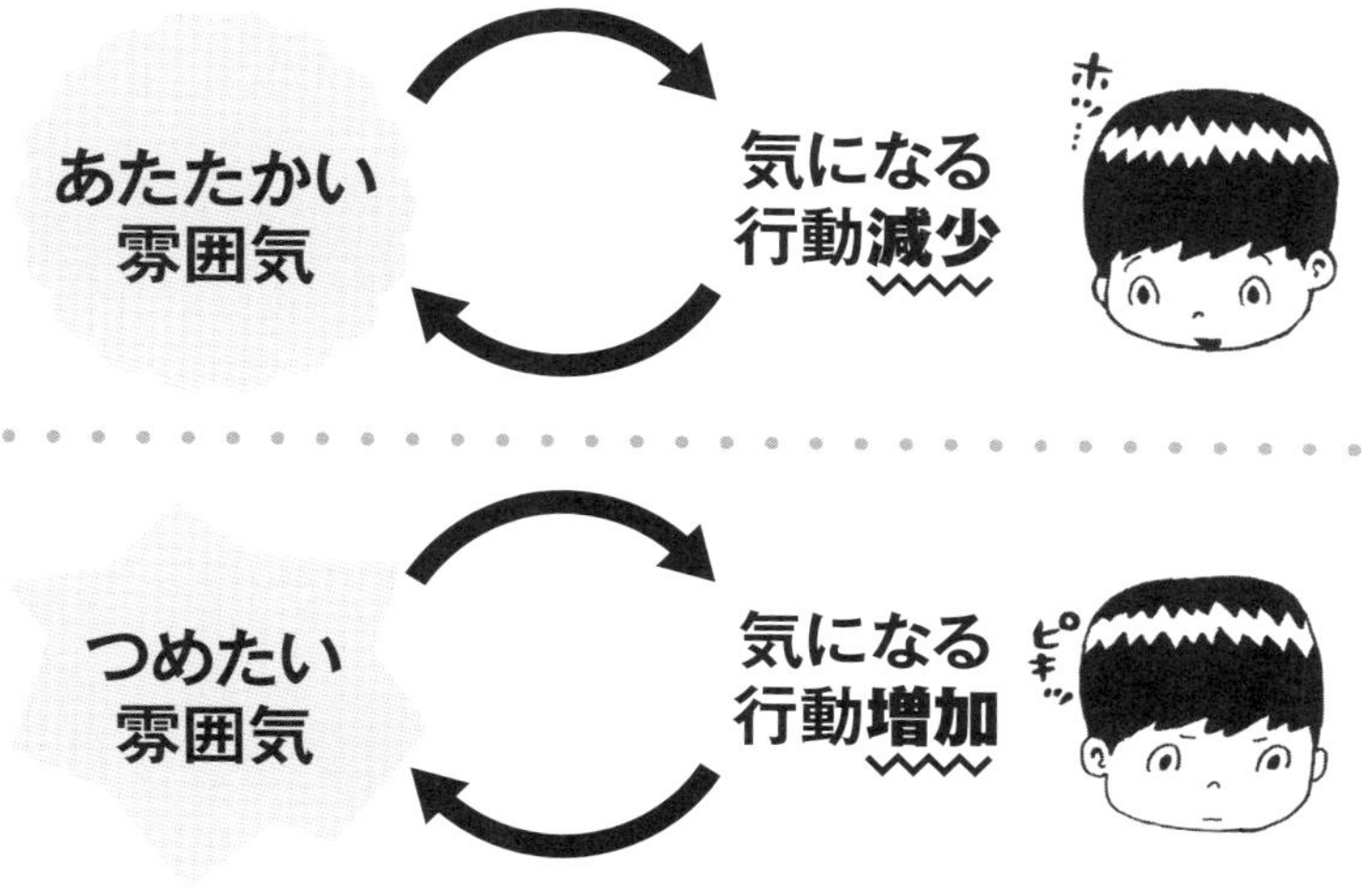

周囲の態度や言葉に過敏になります。気になる子に限らず、人は自分に対する否定的な評価が多いと、神経質になり、周囲に対して攻撃的になります。つまり、「攻撃を受ける前に攻撃する」という姿勢をとります。また、周囲から何を言われるかわからないので、行動を決められているように感じ、自由なふるまいができません。

では、これが「あたたかい」と感じるクラスの場合ではどうでしょう。ゆったりとした時間や寛大な空気がただよっているため、他児は気になる子の行動の一つひとつに反応しません。すると、気になる子はクラスへの安心感を得ます。そのような雰囲気なので、自分らしくふるまうことができ、結果、気になる行動は減少していきます。

2 集団生活における マナーやルールの大切さ

あたたかい雰囲気を醸成するためのやり方を踏まえる前に、押さえておくべきポイントがあります。実は、集団としてのバランスを失い、機能していない状態のクラスの多くは、集団における最低限のルールに基づいた園生活ができていません。

このようなクラスは、対人関係や集団生活のマナーやルールを子ども達と共有しなければなりません。もしかすると「マナーやルールは徐々に身に着けていくもので、クラス運営の話とは違う」と感じる人がいるかもしれません。

集団とは、単純に子ども達の集まりを指しているのではなく、また、クラスは最初から集団になっているわけでもありません。対人関係や集団として動くときのマナーやルールを共有する子ども達の集まり、これが集団といえます。そして、第1話でも述べたように、近年では社会性が乏しい子ども達が増えてきています。

したがって、保育者は、対人関係や集団生活のマナーやルールを子ども達との園生活を通して定着させていくことが望まれます。

そこで具体的な取り組みとして、2つの視点を紹介します。

1・言葉に着目する

子ども達が日常的に使っている言葉は、「あたたかい」言葉が多いですか？　それとも「つめたい」言葉が多いですか？　「あたたかい」

言葉は、相手を受容したり、認めたりする言葉です。「つめたい」言葉は、相手を否定したり、攻撃したりする言葉です。

「あたたかい」言葉の例

「おはよう」「いいよ」「一緒にやろう」「ありがとう」「ごめんね」

「つめたい」言葉の例

「やだ」「あっちいけ」「こないで」「意味わかんない」「ムカつく」

クラスが集団としての機能を失っている場合、「つめたい」言葉が子ども達の口からたくさん出ていませんか？　クラスに友達を受容する風土がなく、「できる・できない」「上手・下手」といった表面的な視点から友達を捉えようとします。逆に「あたたかい」言葉が多いクラスは、評価的な視点ではなく、「がんばっていたよね」「○○は苦手だけど、～は得意だよね」といったより深い「その子理解」をしようと、結果ではなくプロセスに着目します。「つめたい」言葉は、表面的な視点によるため、気になる行動をしている子は、肯定的な評価を受けられるはずがありません。

一般的には、4歳児の後半から、文字に興味を示しはじめます。もし、4歳児後半ぐらいであれば、「あたたかい」言葉、「つめたい」言葉を書き出して、クラスに貼っておくとよいでしょう。そして、朝の会など一斉活動の際に保育者や子ども達が読んで、感想を言い合います。言葉は目に見えないので、言葉を放った瞬間に消えてしまいますが、「あたたかい」言葉を保育室に貼るなど〝見える〟ようにし、クラスに定着していくようにしましょう。

納豆集団のイメージ

保育者と気になる子とクラスの子どもの関係性

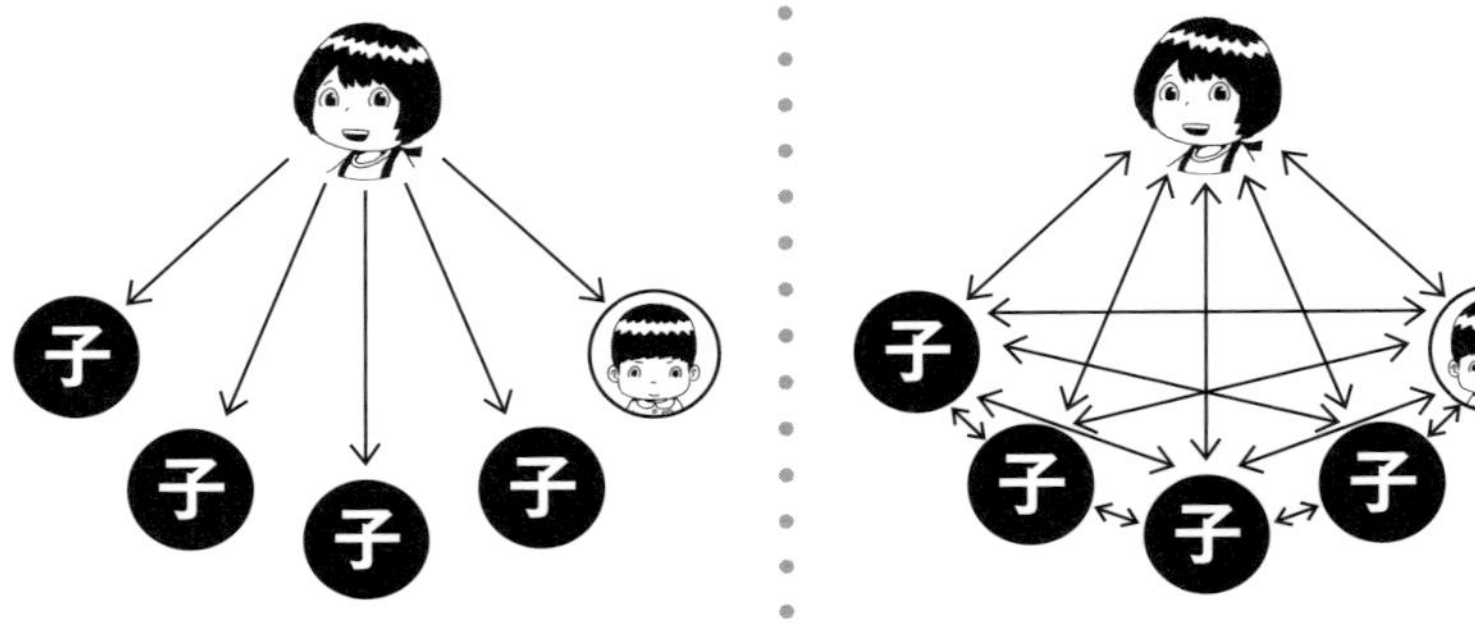

先生と子ども達が
それぞれつながっている状態

全体がまとまって
集団でつながっている状態

2・クラス全体を「納豆」にする

「保育者と気になる子」「気になる子と他児」「他児と保育者」が「つながる」ことを目指します。イメージは、「つながる」です。「仲良く」ではありません。「仲良く」を目指すと「一緒に遊ばなければならない」「給食を隣で食べなければならない」といった物理的な距離感を意識してしまうからです。

そこで、それぞれの関係性を「納豆」のイメージにしてみましょう。納豆をよく見ると一粒一粒の形は違います。まったく同じ形の粒はありません。しかし、混ぜれば混ぜるほどそれぞれがしっかりと糸でつながり、全体としてのまとまりもできていきます。このように、粒の形（個性）をそのままで、かつ全体がまとまっている（集団）状態を目指すといいでしょう。

第6話
みんな一緒に がんばった運動会
——クラスの子とともに育つ保育とは

運動会の練習が
「訓練」になっていませんか？
保育者とクラスの子ども達が一緒に
なって、目標に向かいましょう。

こだま園は
もうすぐ運動会
子ども達は
ポンポンダンスの
練習中です
一列に並んで
前へ進め！
ザッ!!
ぽっーん…
よそ見
してた
ここだよ
ここ！

はいポーズ！
ピッ
左右
……
逆。
バッ!!
あちゃ〜！
アオバ君だけ
ポーズも
タイミングも
バラバラ…
その後も
迷ったり
失敗したりで
苦戦し続ける
アオバ君――
う〜ん…
これは
どうにか
しなきゃ…！

アオバ君
先生の声を
よく聞いてね！
アオバ君
いち、にの
さん、はい
ポンポン！
アオバ君
そこの
ポーズは
こうだよ
こう！
いいよ
いいよ
アオバ君…
あーっ
惜しい！
……
どうしたの
アオバ君？
もう少しだけ
頑張っ…
じわ〜っ
はっ!?
ゴメン
アオバ君！
ガーン!!
もしかして先生
一方的すぎた？

コノミ先生!
モリ先生…
アオバ君がわかりやすいよう立ち位置に印をつけてはどうでしょう?
ビニールテープ
印…ですか?
ビッ
ここが終点と…
よーし!
起点
ポーズ
終点

いい、アオバ君？この赤い×印がスタート地点よ
それから黄色の×印まで進んでそこでポーズ
その後は青い×印まで歩いて行っておしまいだよ
B子ちゃんアオバ君が困ってたら手伝ってあげてくれる？
いいよ！
どうかなアオバ君できそう？
こくん
そうか、やっぱり目に見える形で「見通し」を提示してあげることが大事なんだ…
本番が楽しみになってきたぞ〜！

いよいよ運動会当日――
…以上園児によるポンポンダンスでした！
観客のみなさま子ども達にもう一度盛大な拍手を！
ジャーーーン!!
わーっ！
最高！
よかったよ！
かっこよく踊れてたね！
……
無事終わってよかった～！
モリ先生にもクラスの子ども達にも助けられ――
新米コノミ先生も少しずつ成長しているようです…

1 なぜ、運動会の練習や運動会が苦手なのか

気になる子が抱えている課題を読み解くキーワードのひとつに、「見通しがもてないことに強い不安を感じる」ことが挙げられます。そのため、新しい活動に対して、本人はとても困ってしまいます。

これまでやったことがない活動であっても、周囲を見ながら活動に参加したり、これまでの経験を活かしながら活動に参加できる子もいます。しかし、気になる子は、これらのことがとても苦手です。運動会も同じことがいえます。

みなさんも、コノミ先生のようにうまく練習に参加できない気になる子への対応に苦慮した経験があるのではないでしょうか。

運動会の練習のポイント

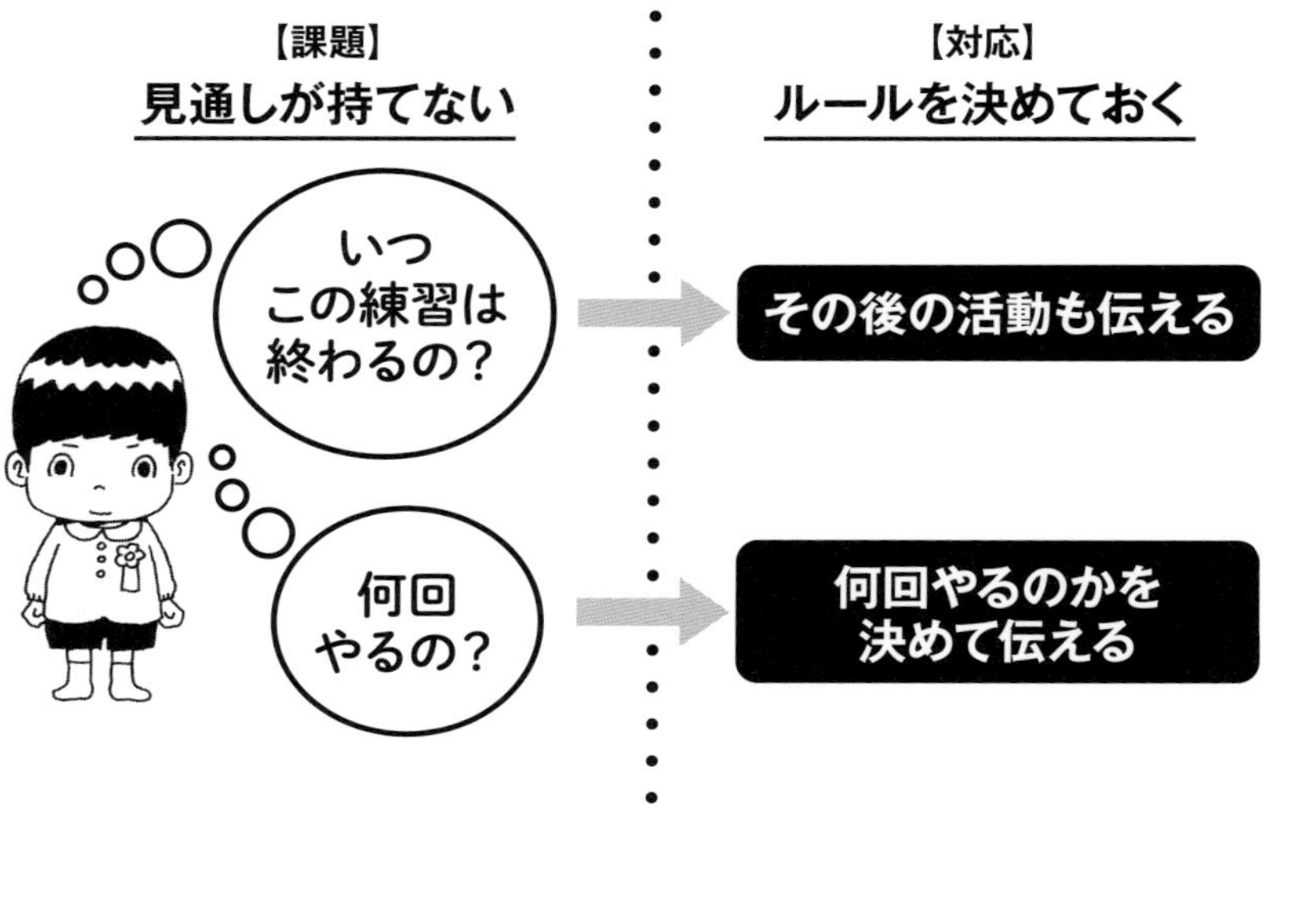
【課題】
見通しが持てない
【対応】
ルールを決めておく
いつ この練習は 終わるの？
その後の活動も伝える
何回 やるの？
何回やるのかを 決めて伝える

気になる子がいるクラスにおける運動会の練習には、あらかじめ検討しておかなければならないことがいくつかあります。

まず練習の回数については、保育者が希望する回数ではなく、気になる子が参加できそうな時間や回数を中心に考えます。次に、それらを示す方法として「目で見てわかる」工夫をします。たとえば、数字が読める子であれば、その日のスケジュールが書いてあるホワイトボードに回数を書いてもよいでしょう。数字が読めなければ、絵カードなどを回数と同じ枚数分用意して、貼っておくのもよいでしょう。

計画的に練習が進めば問題はありませんが、どうしても「(心配だから)あと1回!」などと欲張りたくなることがあるかもしれません(筆者はたくさんありました…)。そこでオススメなのが、わざと「多め」に伝えておくことです。そして「今日は、がんばったからこれでおしまい!」ということにして、事前に考えておいた回数で終わりにする方法もあります(回数が減っても子どもからの文句は出ませんが、増えると文句が出ますので)。

さて、ここまでは活動全体への配慮を踏まえました。では次に、気になる子の個別の対応を考えていきましょう。気になる子は、一つひとつの動きはできても、それを同時に組み合わせることがとても苦手です。また、頭で思っている動き(イメージしている動き)を身体が思うようにキャッチしてくれないため、踊ったり振り付けを覚えたりすることが苦手です。さらに、どの位置に自分が立っていたらよいのか、あるいは移動したらよいのかなどの場所を覚えることも苦手です。

場所については、モリ先生がアドバイスしたように立ち位置を「明確」にします。印となるものは、シンプルでわかりやすいものにします。その子が好きな色があればその色を使うのもよいでしょう。他児には「アオバ君は、どこに立っていいかわからないんだよ。これがあるととっても落ち着くんだって」と伝えると不公平な雰囲気が少なくなります。

次に振り付けの覚え方です。気になる子の前に「見本になる子」が並ぶと、手がかりになります。「わからなくなったら〇〇君を見てね」と伝えておくとよいでしょう。

気になる子の多くは、視覚的な情報の方が覚えやすいです。そこで、保護者と気になる子について十分に情報を共有したうえで、ビデオカメラなどで振り付けを撮影するとよいでしょう。そして、自宅で何気ないときに観てもらうよう保護者に依頼する方法もあります。これは、新しくて非日常的な雰囲気を苦手とする気になる子にとって、運動会当日の雰囲気に慣れるための練習にもなります。

撮影は、気になる子が実際に立っている場所から見ている「目線と高さ」にするとより覚えやすいでしょう。さらに、「見本になる子」を見る疑似体験にもなります。

2 気になる子を通して行事を考えよう

「運動会」というと、どうしてもクラスをひとつの集合体として考え、まとまりを意識してしまいます。これは運動会に取り組む保育者であれば、誰しも意識することです。また年長ともなると集団性や協調性を保護者に伝えたい気持ちから「同じ」「統率」などの言葉がいつも以上に意識されることがあります。もちろん、このこと自体は否定されるべきことではありません。しかし、一旦冷静になって、練習をする前に「誰のための行事か」「運動会がイベント化していないか」ということを考えてみてもよいのではないでしょうか。

保護者に「見せる」ことを主に置いてしまうと、

気になる子にとってはなかなか練習に参加できません。なぜなら、まとまりを意識している保育者の場合、うまく練習に参加できない気になる子は「まとまりを乱す子」「練習を妨げる子」として映るからです。全部に参加することを求めず、「部分参加」を奨励してもよいと思います。あらかじめ、その子にとっての運動会におけるねらいを明確にしておくと、「集団参加の強制」という事態を避けられます。

保育者であれば、子ども達が行事から得られるものの大きさを体験的に学んでいます。したがって、当日を含め練習に熱がこもるのは理解できます（筆者は必ずといっていいほど、運動会前は大きな声を出しすぎて声がガラガラでした…）。ただ、気になる子は、日常的にたくさんの課題を抱えています。当面の課題が練習参加ではないはずです。

また、気になる子の多くは、間接的な情報の方が入力しやすい面があります。練習場所から外れた場所で他児の練習風景を眺めていただけなのに、本番では振り付けやセリフを覚えていて、周囲を驚かせたりすることがあります。なので、参加のスタイルにこだわらずにすすめましょう。ただし、練習に参加する工夫や配慮をしても、その場所から移動してしまうときは、自分の保育を振り返りつつ「練習に参加しなくてもよいが、同じ場所にいること」とけじめとしての約束をしておくとよいでしょう。

第7話 「家では問題ありません」と言う保護者

――気になる家庭生活、保護者との関係づくり

気になる子の保護者も
気になりませんか？
保護者との関係づくりの
基本とは。

前から気になってたんだけど…
リンちゃんって少しおとなしすぎるんじゃないかな?
自由活動
朝からほとんど動かずしゃべりもせずに
友達の遊びをボーっと見ていることが多いリンちゃん
人見知りなのかな?
いや、単におままごとが好きじゃないのかも…
キャ
キャ
キャ

お昼ご飯の時間――
先生のお弁当は誰が作ってるの？
先生のお母さん？
もちろん自分で作ってますよ！
こう見えても先生料理には自信が…
でも先生のお弁当3日連続でおかずがコロッケだよ？
ブホッ…コ、コロッケが好きなんだからいいでしょ！
あはは
あ…
リンちゃんまた一人で食べてる…
食べ終わるのが遅く、最後になっている
おとなしいからトラブルは少ないけど
何て言うかクラスでの存在感が薄いんだよね…
よし、今日リンちゃんのお母さんに話を聞いてみよう

お迎えに来たリンちゃんのお母さん
広告代理店勤務でバリバリのキャリアウーマン
あの…お母さんいつも一人でいるリンちゃんが気になるんです
おうちではどうですか？
家では問題ありません
ピキッ
そ、そうですか…
さ、リン帰るわよ
……
取りつく島もない…
このまま放っておいていいのかなぁ？

翌日──
相変わらず
お友達の輪に
入ろうとしない
リンちゃん
リンちゃん
今日も一人か…
リンちゃん
みんなと一緒に
おままごとしない?
そう…
声をかければ
素直に乗って
くるのよね
でも…
こくん
おままごとに
一応参加はするものの
積極的に遊ぼうとしない
リンちゃんは
やはり仲間から
浮いてしまう──
…結局
リンちゃん自身は
どうしたいん
だろう?
本人の気持ちが
見えないところが
いちばん気になる
のよね…

お迎えに来たお母さんにリンちゃんの一日の様子を伝えてみたコノミ先生
…終始こんな感じなんです
少し気がかりというか心配になりまして…
……
そんなの普通でしょ
とにかく大丈夫なので！
プイッ
う～ん…
翌日――
リンちゃんママがお迎えに来たよ
お母さんこんにちは♪
…どうもさ、行くよリン
……
これって…もしかして避けられてる!?
ガ～ン
その日以降リンちゃんのお母さんはコノミ先生と目を合わせなくなった…

も〜っ！何なのあの態度⁉

仮に私のことが気に食わないにしても…

園と保護者がきちんとコミュニケーションとらないと何かあったとき困るのは子どもでしょうに！

モリ先生‼

はいっ⁉

びくっ‼

…という訳でリンちゃんの態度が気がかりなんです！

モリ先生どう思います⁉

いや、あの…

コノミ先生何か怒ってます？

どうしてもすれ違うコノミ先生とお母さん
何の話ですかっ⁉

全然怒ってませんよ‼

果たしてもつれた糸はほどけるのでしょうか…？

1 気になる「おとなしい子」

運動会を終え、クラスにまとまりが出てきて、アオバ君も落ち着いて園生活をしている姿が多くなってきました。クラスや気になる子が落ち着いてくると、これまで「気にならなかった子」や「前から少し気になっていた子」が途端に気になりだすことがあります。

これまで、がむしゃらにアオバ君や他児と向き合ってきたコノミ先生も同じです。このようなケースは、新任保育者に多く見られます。コノミ先生は、以前から気にはなっていたリンちゃんにようやく目が向くようになりました。リンちゃんのように積極的に自分から保育者や友達に働きかけていかないタイプの子には、保育者が注意深く関わっていかないと「問題ない子」として見過ごされてしまいます。コノミ先生はリンちゃんを気にとめて注意深く見て、保護者にも積極的にアプローチをしました。

アオバ君は、園生活のさまざまな場面で困っていました。では、リンちゃんはどうだったでしょうか？「最近、困りはじめた」のでしょうか？　おそらく、リンちゃんは集団生活をはじめた頃から困っていたはずです。

新任保育者にとってはとても難しいことですが、トラブルや集団参加が苦手な子に加え、「おとなしい子」への配慮も忘れないでいたいものです。

2 「家では問題ありません」の背景にあるもの

入園後、子どもの気になる様子を保育者から保護者に伝えたとき、保護者が示す姿には大きく2つのケースが挙げられます。1つは、これまでの育ちの姿から心配ごとがなかっただけに、保育者に指摘されて激しく動揺するケース（ケースA）。もう1つは、これまで「何となく感じていただけに、改めてショック」と感じるケース（ケースB）です。

ケースAは、これまで意識してこなかったことを言われるため、突然のことでパニックになり、激しく動揺します。保護者にとっては「いきなり」保育者から言われる（通告される）わけです。

保護者の受け止め方の違い

ケースBは、これまでの子育てを通してどこか育てにくさを感じていたり、理解できない面に戸惑っていたりします。そのため、ある程度、子どもの園での生活を想像しています。

また、ケースBの場合、保護者が「うすうす感じていること」を指摘されるので、保育者からの働きかけに敏感になっていることがあります。リンちゃんのお母さんは、日頃の姿からリンちゃんを心配しているのでこのケースに当てはまります（第8話を参照）。

次に、リンちゃんのお母さんの気持ちや本心はどうでしょうか。リンちゃんのお母さんは、毎日、次のような気持ちで送り迎えをしていたのかもしれません。

保護者の思いや気持ち

仕事優先ではなく、
リンちゃんを優先してって
言われるかしら…
言葉が遅いけど、
友達と
遊べるかしら…
子育ての
ダメなところを
言われてるの
かしら…
もっとたくさん
関わって
あげた方が
いいのかも…

リンちゃんのお母さんは、リンちゃんの状態に気が付いているものの、それを認めたくないと思っている気持ちから、コノミ先生を避けています。リンちゃんの成長をこれまで一番長く見てきたのは、他でもないお母さんです。そのようなお母さんにとってリンちゃんが他児と「違うこと」を受け入れるのは、想像以上につらいことであり、受け入れるのに時間がかかることは容易に想像できます。

3 保護者を支え、子どもを支える

保護者であれば誰しも子どもを第一に考え、保育をします。当然のことです。しかし、ケースA、Bを問わず、保護者が抱く「子どものため」という強い気持ちから保護者の置かれている状態や心情を無視してしまい、一方的に子どもの状態をわかってもらおうとすると、そこには大きな落とし穴があります。

つまり、「親なんだから子どもの問題を受け入れて当然」という姿勢で保護者へ対応すると逆効果になります。保護者の気持ちは離れていくだけで、「認めさせたい保育者」と「認めたくない保護者」という対立関係になってしまいます。

対立関係になってしまうと一番困るのは他でもない「気になる子」です。保育者は、保護者が子どもの状態を認める意味を冷静になって考え、プロとして「認めた後」まで見据えてから伝えるようにしましょう。

何のために子どもの問題を伝えるのか？

↓保育者がスッキリするために伝えたくなっていないか

↓途中から「伝えること」だけが目的になっていないか

伝えた後に待っていることは何か？

↓前向きな対応を考えているか

↓子どもと保護者の関係は悪くならないか

第8話
保護者とともに取り組む「気になる子」への保育
――保護者をどのようにサポートしていくか

なかなか人に言えない悩みを、
保護者は抱えているかもしれません。
保護者支援のはじめの一歩は
「傾聴」と「同意」です。

翌日のお迎えタイム
この日もリンちゃんの手を引いてさっさと帰ろうとするお母さん――
さ、帰ろ
リンちゃん、今日はクラスのお友達と楽しくおままごとをしていましたよ
…そうなのリン？
うん！
おままごといっぱいしたよ

……
どんなことしたの?
リンはねお父さんの役をやったんだよ
料理をしてね洗濯をしてねお掃除も…
?
…それってお母さんよね
だってうちのお父さんいつもやってるよ?
やだもうこの子ったら!
あははは
いい表情!
これが本当のリンちゃんのお母さんなんだ…

おままごとには
私が誘ったんです
リンちゃん
とっても
聞き分けが良くて…
まわりのことが
よく見えているんだと
思います
だけどその分
周囲に気を遣いすぎて
しまうのかもしれません
…先生
実は私も
気になってたんです
あの子
どこへ行っても
人見知りが
激しくて…
誰かに
話しかけられると
どぎまぎして
質問と答えが
ずれちゃったり
もう少し
友達と
楽しく遊んで
くれたらと――
なるほど…

家では一人で
お絵描きしてる
ことが多くて
クラスの子とも
ちゃんと遊んで
いるのか心配で…
だから今日の
おままごとの話
すごくうれしいです
そうだったん
ですね
相手の心を開くには
まずは傾聴、
そして同意ですよ
コノミ先生！
ほんと
モリ先生の
言う通りだわ…
先生
リンのこと
どうかよろしく
お願いします
わかりました！
園でも
できることから
はじめてみます！

数日後――
リンちゃん
行こうか
うん!
ドキドキ
…あそぼ?
……
?
……
よかったね
リンちゃん!
ぱぁあ…
いいよ!

…それでそれでリンちゃんったらすごくご機嫌で！
『次はお母さんの役やるんだ』って！
ははは…よかったじゃないですか
じ〜っ
？
「傾聴、そして同意」…私、最初からモリ先生の手のひらの上ですね
…モリ先生モテるでしょ？
え？
また一歩前に進めた様子のコノミ先生——
ドスッ!!
もう…このヤロ！このヤロ！
ゲフッ…!!
独り立ちできる日も近い…かな？

1 保育者は、困っている保護者をどうサポートするか？

リンちゃんのお母さんのように、自分の子どもの状態に気が付いていても、受け入れたくないと強く感じている保護者は、保育者とのコミュニケーションを避けようとします。自分の子が他の子と比べて「何かが違う」ことを認めることは、保護者にとって受け入れがたいことであり、納得するまでにはかなりの時間がかかります。つまり、保護者が子どもの状態を受け入れるには、つらく長い時間が必要ということを、保護者も認識する必要があります。

リンちゃんの状態をお母さんに受け入れてもらうことが目的となっている場合、コノミ先生

心を閉ざす保護者の心理

いつも問題行動のことを言われる

↓

また問題となる行動を言われるのではないか？

↓

会いたくない…

は基本的な信頼関係がないまま、リンちゃんの問題となる姿ばかり伝えることになります。これでは、保護者と良い関係を築くことは難しいでしょう。

みなさんも親しい関係ではないと感じる人からマイナス評価を一方的に受けたら、言い返したり、避けたりするのではないでしょうか。もしかしたら、リンちゃんのお母さんは、コノミ先生から話しかけられるたびに「また（リンちゃんの）いけない行動を注意されるのではないだろうか」と構えていたのかもしれません。

たしかに、子どもの発達を支えるために家庭との連携を強くすることは大切です。しかし、まずは保護者に保育者を信頼してもらうところからはじめるべきです。

これまでの送り迎えのときのコミュニケーションを振り返ってみましょう。気になる子の保護者とのコミュニケーションの際の「話題」「表情」「頻度」などを振り返り、偏りがなかったか、一方的ではなかったかといった視点から整理してみるとよいでしょう。

気になる子の保護者にかかわらず、保護者との関係を築くには、送迎時などの日常的なコミュニケーションが大きなカギを握ります。つまり、普段のやり取りこそが大切なのです。ましてや、気になる子の保護者には、保護者にとって「耳が痛い」気になる姿を伝えることになり、なおさら、普段からのやり取りが重要になってきます。

2 信頼関係をむすぶには

コノミ先生は、リンちゃんの普段の様子をお母さんに伝えました。これまで避けていたように思えたお母さんが、コノミ先生の話を聞いたり、柔らかい表情になったりしました。どうしてでしょうか。

いくつか理由がありますが、一番はお母さんが求めていた話題だったからではないでしょうか。コノミ先生とは、まずはリンちゃんが誰と何をして遊んでいたか、楽しかったことやうれしかったこと、できたことは何か、を聞きたかったのかもしれません。

保護者は、わが子に関する日常的な姿を知りたいのです。子どもの遊んでいる様子から仲の良い友達まで、自分が見ていない集団での様子を聞きたいのです。もちろん、それらすべてを伝えることは不可能ですし、場合によっては、保護者が「知らなくてもよいこと」はあります。ただ、園生活の情報が下地となって、子どもの問題となる情報が積み重なっていくと考えましょう。

子どもの気になる姿を伝えたいという焦る気持ちを抑え、子どもの良い面を中心にコミュニケーションをとっていきましょう。保護者に「この先生は、子どもの良い面もちゃんと見ていてくれる」という気持ちを抱いてもらうよう努めます。子どもの良い面を見ながら保育をしていることを伝えていくのです。

特に、リンちゃんのお母さんのように身構えていると感じる時期には、すぐに気になる姿を

着目したい気になる子の良いところ

	チェック
笑顔で遊んでいる遊びは？	□
いつも遊んでいる友達は？	□
挑戦しようとしたことは？	□
集中していたことは？	□
興味・関心があることは？	□
言葉だけでなく、自分を表現しようとしたことは？	□

伝えることは控えましょう。保育者が「とても気になっている」という時期は、良い面が見えづらくなっている時期でもあります。この点も踏まえ、良い面を見るよう心がけましょう。

そうは言っても、トラブルなどが多い気になる子に対し、良い面に着目することはなかなか難しいと思います。「それは私だって良い面を見ていたいけど、こうトラブルが続くと…」と感じる保育者は、上記の視点を中心として気になる子を見ていくとよいでしょう。

3 保護者の話を聞くことの大切さ

子どもの表現を受け止めるためには、子どもの話を十分に聞く姿勢が不可欠となります。保育者の「聴く」という行為は、その子を理解する手がかりになります。さらに自分の気持ちを表現することが苦手な子にとって、話を聴いてくれる保育者はとても大きな存在になります。

「聴く」という行為は、保育者の専門性の1つだと考えられます。保育者の多くは、この行為の重要性を体験的に学んでいて、保育中のさまざまな場面で実践しています。しかし、この行為を保護者に当てはめてみるとどうでしょう。気になる姿を伝えることが先行してしまい、話を「聴く」ことが後回しになっていないでしょうか。

保護者と接する際には、保育者の言いたいことを伝えるのではなく、保護者の気持ちを引き出しながら共感し、話を「聴く」ことに重点をおくようにするとよいでしょう。リンちゃんのお母さんは、コノミ先生の「聴く」姿勢を感じ、気を許しはじめ、リンちゃんの家庭での姿を少しずつ話しはじめたのだと思います。

しかし、ここでも、焦りは禁物です。ようやく家庭での姿を話しはじめたリンちゃんのお母さんですが、園での気になる姿をコノミ先生がすぐに伝えてしまうと、また振り出しに戻ってしまいます。お母さんは、まず話を聴いてもらいたいのです。

保育者は話を誘導したり先行したりせず、冷静に保護者の話を受け止め、俯瞰《ふかん》的に広い視野をもった対応を心がけましょう。

第9話 別の先生の前で見せた「気になる子」の笑顔 ——他の先生や地域との連携

気になる子のやる気があるとき、
ないときがありませんか？
別の場面で現れる
気になる子のいいところを
捉えましょう。

職員会議中
ではその問題は引き続き経過観察ということで…
園長
他には何かありますか?
あの…うちのクラスのヤマト君のことなんですが…
うわっクスノキ先生!
あの人ちょっと苦手なんだよね…
いつも床でゴロゴロしたりダラダラしたりでクラス活動に参加しようとしないんですよ
まったく…困ったものです
だら〜ん
何その言い方!問題児って決めつけて!
まぁ私もちょっと前まで同じだったけど…

それはちょっと意外ですねぇ
…ヤマト君延長保育の時間は楽しそうにしてますよ
ヤマト君はマンガが大好きなんです
よく年下の子ども達に積極的に声をかけてごっこ遊びをして一緒に楽しんでますよ
意外とリーダーシップがあるように感じますけど
へぇ～！
あのヤマト君がねぇ
……
チッ…

はい
どうぞ コノミ先生
ヤマト君が延長保育で見せた姿は何かのヒントになるんじゃないでしょうか?
私も最初、クラスのアオバ君のことが全然理解できませんでした
でも、彼の行動にはちゃんとサインが込められていたんです
延長保育の様子を参考にヤマト君の「できる」活動をクラスでも取り入れてみるというのはどうでしょう?
例えばほらマンガを教材にしてみるとか…
よしコノミ！我ながらいいこと言った！
♪
マンガを教材に?…冗談じゃない
問題児は家庭のしつけの問題でしょ?
はぁ!?

ちょ…ちょっと!
どうぞモリ先生
気になる子の保育には本人の「できる」を伸ばしてあげることが大切です
そのために必要なのは日々の様子をしっかり観察すること
そして何より保育者同士がきちんと情報交換をしながらサポートしていくことが欠かせない
要はチームワークなんです!!
キッ!!
うっ…
モリ先生〜っ!!
カンタ
最高ッ!!だ!!

さらには、
子どもの
個性に合わせた
きめ細やかな
クラス活動と
環境づくり！
そして必要であれば
保健所や専門機関と
協力するなど
地域との連携も重要と
考えます！
・・・・・・・・・・・・・
←我に返った
はっ…
おお〜っ!!
パチ
パチ
パチ
うんうん
パチ
パチ
パチ
モリ先生って
アツい…
激アツだ!!

次回の職員会議
その後ヤマト君の様子はいかがですか?
クラスの活動を細分化したり簡単な遊びも取り入れることで
ヤマト君の参加率も上がってきました
具体的には彼が好きなキャラを使ったパズル遊びなど…
ほくほく
フンッ!
壁にぶつかることがあっても力を合わせれば越えられる――
あらためてチームワークの大切さを知ったコノミ先生なのでした…

1 見る視点によって、気になる子の姿が変わる!?

同じヤマト君なのに、保育者によってヤマト君に対する捉え方は違っています。ある保育者は、「年少の子に気を配りながら楽しそうに遊んでいるヤマト君」というイメージを抱き、ある保育者は、「家庭のしつけの問題から集団参加ができないヤマト君」をイメージしています。

このようなズレが生じる背景には、どのような視点で子どもを捉えるかということが大きく影響しています。子どもを捉える視点は、保育者の保育観や子ども観などが土台となっていますので、これが気になる子を捉える視点に影響を与えていると考えられます。また、これまで出会ってきた子ども達のタイプやその子ども達との間で生じた出来事や学んだことなども、保育者に影響を与えているとも考えられます。さらには、自身の子育て体験や介護体験などプライベートな要素も影響を与える理由のひとつです。

保育者に影響を与える要因や保育観は、さまざまです。したがって、同じ子どもを見ていても「見ている視点」が違っているので、おのずと評価も異なってくることになります。つまり、各保育者によって、「気になる」と感じる点も違ってくるということになります。

気になる子の捉え方に影響を与える保育観

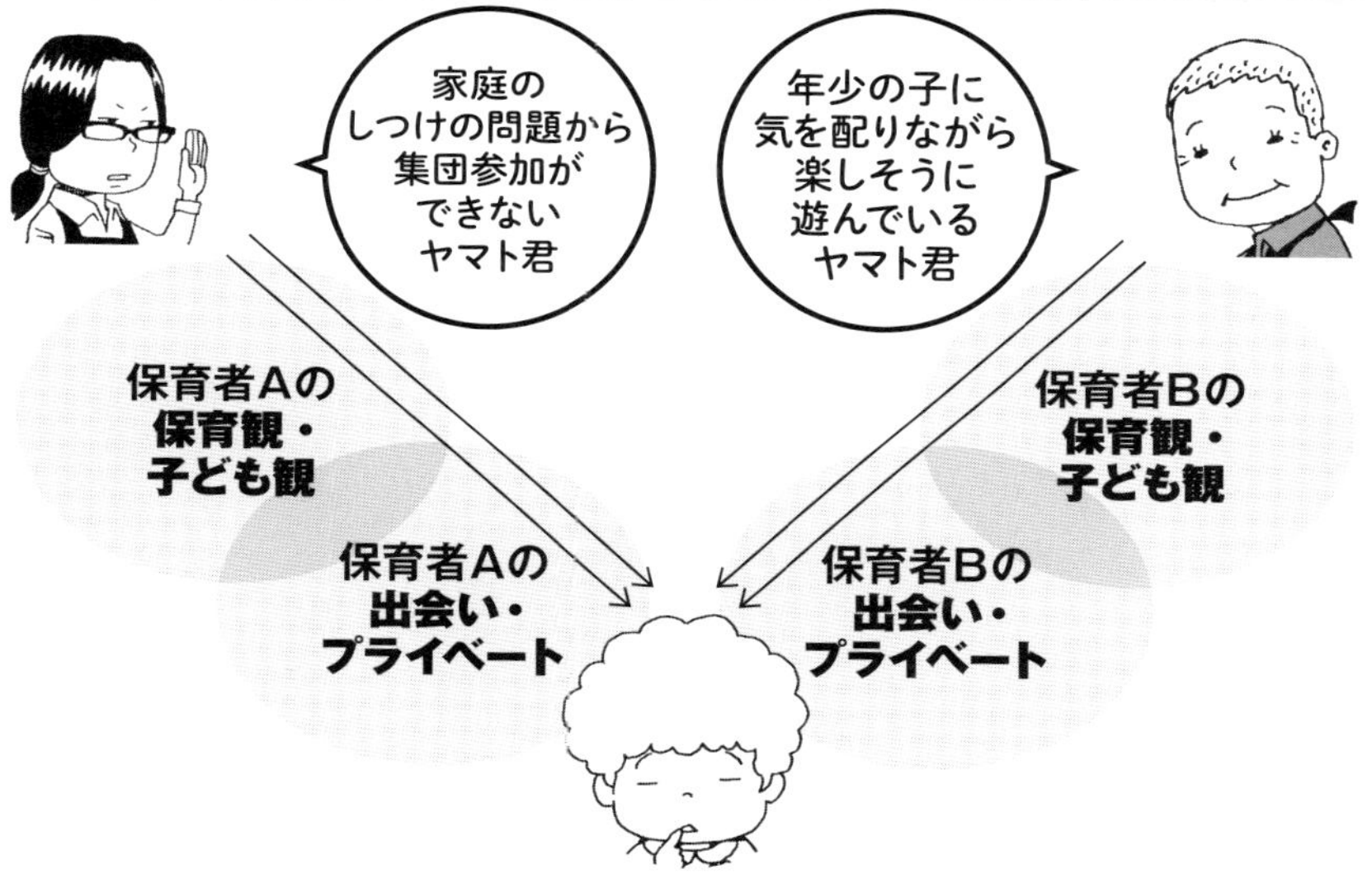
家庭の
しつけの問題から
集団参加が
できない
ヤマト君
年少の子に
気を配りながら
楽しそうに
遊んでいる
ヤマト君
保育者Aの
保育観・
子ども観
保育者Aの
出会い・
プライベート
保育者Bの
保育観・
子ども観
保育者Bの
出会い・
プライベート

2 話し合いの場を！

もしかしたら、このズレをピタッと一致させることはかなり難しいと感じるかもしれません。たしかに、保育観は自分でも意識できない範囲のものです。しかし、保育観などを明確にできなくても、ズレを修正することができます。このようなズレが生じたときが「チャンス！」と思ってほしいのです。

気になる子への対応は、その発達の特性から一貫性をもって行うことが理想ですが、現実的には限界があります。そこでまずは、保育の流れの中で気になる子にどのようなねらいをもって関わるのかの大まかな方針に沿って、対応していくことを目指します。大まかな方針を決めるためには、職員間の話し合いが欠かせません。

ズレがある保育者集団は、事前の話し合いが不十分なことが多いです。そのためには、モリ先生のような先輩保育者や管理職が率先して話し合いの場を設ける必要があるでしょう。

良い保育をするためには、保育の方針を話し合える雰囲気や体制があるかどうかにかかっています。しかし、「じゃあ、職員会議を増やそう！」「園内研修を増やそう！」と決めつける必要はありません。降園後の何気ないリラックスした雰囲気の非公式の場でも、気になる子への対応やクラス方針を話し合うことが可能です。実は、公式な話し合いの場（会議など）よりも、非公式の話し合いの場（立ち話や時には、お茶を飲みながらの雑談など）のほうが建設的な意見交換ができる場合もあります。公式の話し合いは、どうしても「良いか悪いか」、あるいは「できるかできないか」という評価的視点が入りがちになってしまうからです。

また、先に述べた保育観や子ども観は、リラックスした雰囲気のほうがお互い言いやすくなります。自分の園の話し合いの場を再考してみましょう。

3 チームワークの大切さ

多様な個性をもつ子どもが増えてきています。このような子ども達に充実した対応をするためには、保育者一人で対応するには限界があります。そこで、チームワークで対応するという発想が大切になります。理想は、年度当初に職員間で支え合う体制を最低限つくり、（ある程度）一貫性を保ちながら対応していきます。そして、気になる子と関わっていく中で必要に応じて修正をしていく、というやり方です。「修正していく」理由は、気になる子は発達していきますし、集団の中での仲間関係の影響を受けて状態像が変化していくからです。臨機応変に方針転換をして、保育者間で共有していきます。

また、常に新たな共通理解をつくり続けるためには、子どもの様子の観察や記録をすることが必要です。観察と記録は、情報を共有するために大きく役に立ちます。さらに、外部の専門機関と連携するための重要なツールにもなります。

4 専門機関とのよりよい連携のために

専門機関と連携する際に大切なことは何でしょうか。まず、このことを考える前に確認しなければならないことがあります。

それは、「専門家と保育者は対等である」ということです。たしかに、療育センターの指導員等は、障害がある子どもへの指導を専門としています。その意味では、障害がある子と関わる際のコツを多く知っています。

では、保育者はどうでしょうか。保育者の強みは、気になる子の情報を多くもっていることです。しかも、園生活の中での姿、つまり集団場面での姿であり、かつ最新の情報です。毎日のように、傍で長い時間関わっている貴重な存在なのだという自負をもっていいと思います。

そのうえで、お互いの情報を共有しながら、その子に合った方法を模索します。「教える―

専門機関との連携のイメージ

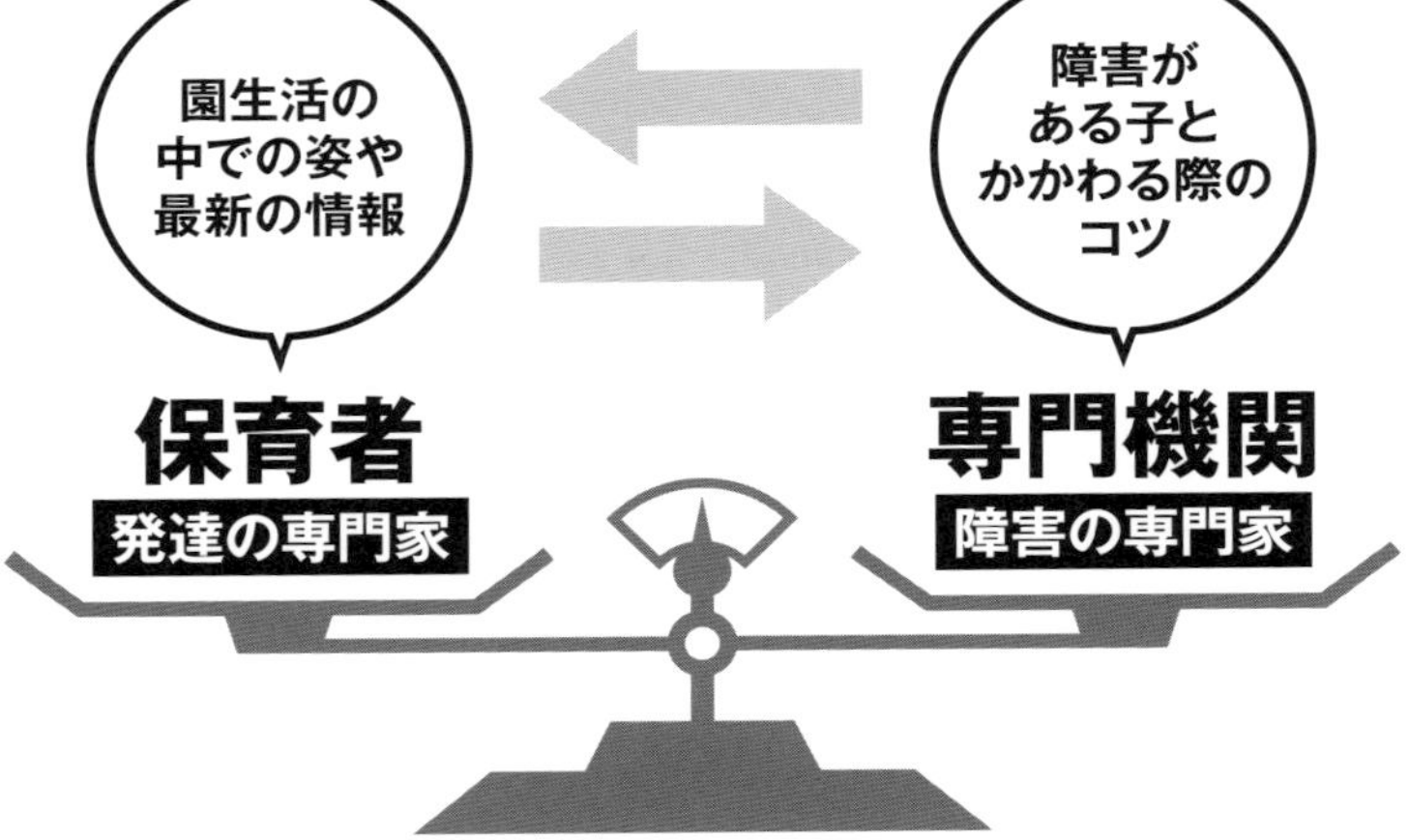

教えられる」という関係ではなく、対等な立場で意見を出し合って、よりよい園生活を目指します。

残念ながら、せっかく聞いた専門家からの助言が気になる子だけの情報になっていることがあります。しかし、保育者が求めている助言は、気になる子がいるクラスで、「何をどのようにしていけばよいか」ということです。専門家に「園の方針」「クラスの状態（他児の特徴など）」「保護者の状況」などを伝えるようにしましょう。さらに、「自分（担任）の状態」（疲弊している、新任ですべてが不安など）も伝えます。そして、気になる子への保育とクラスへの保育について、「何をどのようにしていったらよいか」を共に検討します。最後に、導き出された保育が「できるかどうか」も合わせて検討してみてください。

第10話 卒園おめでとう! こんなに成長したんだね

——就学という新たなステージへ

気になる子は、
どんな小学校生活を送るのでしょうか。
幼保小の連携につながる
アフターフォローが大切です。

そして3月——
もう一度
最初からいくよ
さん、はい！
たくさん
はしった
えんていの
卒園式の練習に
取り組む子ども達
はじに
たってる
さくらのき
いっぱい
あそんだ
おともだち
いつかは
すだつ
ひがきます

おっ！ヤマト君もやってるな♪
……
じゃあいくよー！
園児代表のことば！
ドッキーン!!
は…はい！
どきどき
ぼぼぼ僕達は…
まきっ
がんばれ!!
いろいろあったこの子達ともあと少しでお別れ──
みんなどんな小学生になるんだろう…？

アオバ君はー
意外と
みんなから頼られる男の子に
なるんじゃないかな？
いつもマイペースで
独特の考え方で
クラスを刺激する
アイデアマン
意外性と
独創性で
みんなを
驚かせる
飼育係とか
似合いそう！

リンちゃんは――
やっぱり小学生になってもおとなしいんだろうな…
ノートの板書や絵画がていねいで
とっても女の子らしい女の子――
クラスの男の子に密かに思いを寄せられたりして…
お母さんに似てきっと勉強の方も優等生よね♪

ヤマト君が
小学生になったら…
やんちゃに
拍車がかかりそう(笑)
勉強は苦手だけど
人望はバツグンで
放課後は年下の
子どもグループを
引き連れて
探検に出かける
「俺はぜったい
マンガ家になる!」
とか…
言ってそう
言ってそう!

練習に飽きたアオバ君
うろうろ
ちょっとアオバ君逃げないで〜!!
ぴゅ〜〜
あっ!!
やれやれ…
この1年子ども達と一緒に多くのことを学んだコノミ先生──
卒園までもう少し…コノミ先生はこれからも走り続けます!

1 就学というひとつのハードル

保育者にとって、子ども達が卒園するということはとても楽しみな反面、不安があるものです。同様に、保護者も「うちの子、こんなに幼くて小学校に行けるだろうか？」「学校の授業についていけるのだろうか…」など心配ばかりが先行してしまいます。ときには、保護者の心配する気持ちが子どもにうつってしまい、「何かよくわからないけど、小学校って大変そう」というイメージをもつ子どももいます。

この時期の保育者や保護者は、このようなイメージばかりが子どもに伝わらないように心がけ、むしろ小学校への「ポジティブな面」を強調していくことが求められます。家庭での食事の際に、保護者が小学校の頃の楽しかったエピソードを話題にするなどの配慮が求められます。

気になる子の多くは、環境の変化が苦手です。したがって、就学することはとても大きなハードルになります。では、気になる子の視点から小学校の生活を捉えてみましょう。どのようなハードルが考えられるでしょうか。

1・学校生活面

これまでの園生活は、個々の興味・関心に応じて遊びを中心としながら生活をしていました。一方、小学校は、授業主体の学習となるため、細かい制約やルールがあります。集団での学習や生活のルールを守ることが求められます。気になる子は、そのようなルールを忘れたり、思うように守れなかったりします。

小学校で遭遇する新たな環境変化

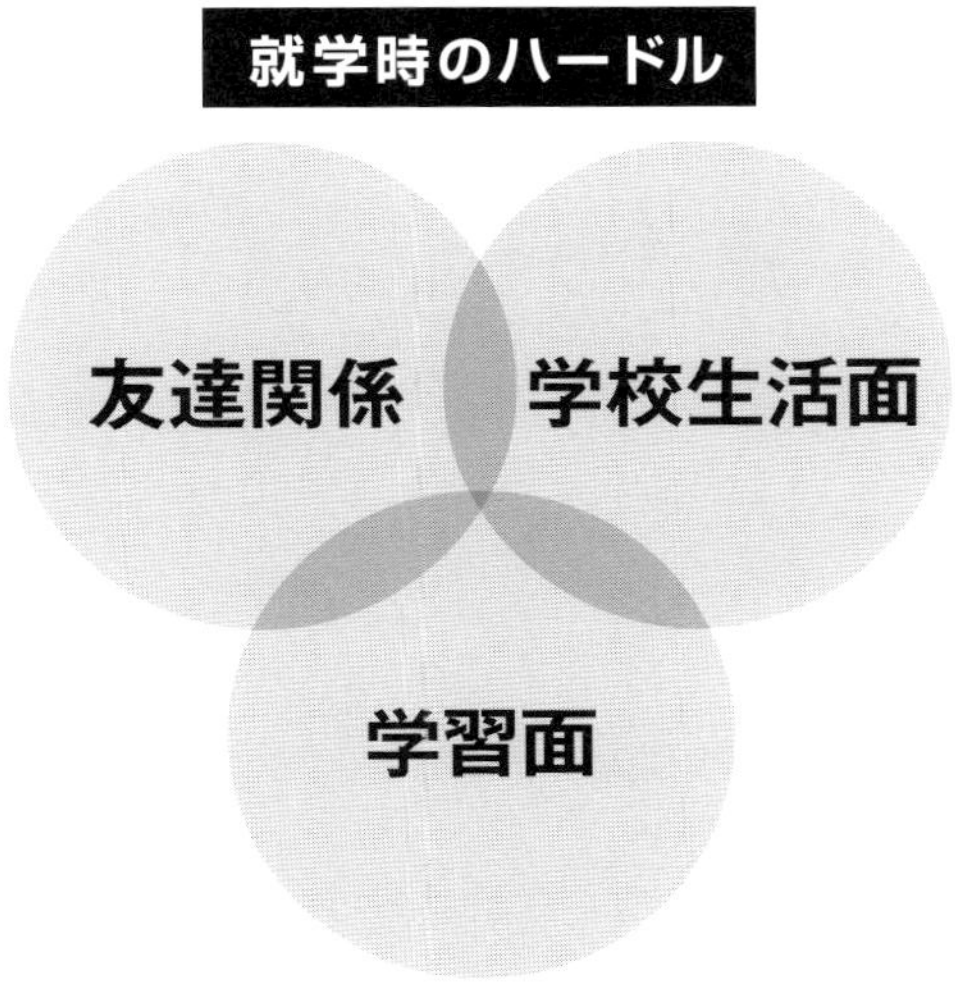
就学時のハードル
友達関係
学校生活面
学習面

（対応例）

守れそうなルールからはじめ、視覚的に示すなどその子が理解できる方法で伝えましょう。

2・学習面

気になる子は、興味・関心に偏りがあります。さらに理解の仕方やプロセスが他の子と違います。このような気になる子にとって、学習指導要領にそって、一律に集団で学習するスタイルは苦手なことが多く見られます。

（対応例）

その子の特性を把握したうえで、学習支援員を積極的に配置するなどの対応をして「手厚く」したり、特別支援学級などでの対応も視野に入れたりしましょう。

3・友達関係

これまでの園生活では遊ぶ時間があったので、友達と関わる時間が十分にありました。一方、小学校では授業と授業の間に休み時間がありますが、その時間のみとなります。限られた時間を有効に使わなければなりません。気になる子は、見通しをもって過ごすことが苦手なため、「有効な時間の使い方」ができません。くわえて、ルールが守れなかったり、学習に遅れが見られたりするので、友達からは「変わった子」として映り、距離をとられることもあります。

〔対応例〕

気になる子の「得意なこと」「苦手なこと」をクラスメートにも適切に理解してもらいましょう。

2 就学に向けて過剰に焦らない

進級した頃のアオバ君もリンちゃんも新しいクラスが楽しみな反面、心配や不安があったはずです。それがコノミ先生や友達との関係を築いていくうちに、「コノミ先生がいてくれる」「このクラスなら大丈夫」という安心感が増えて、少しずつ自分を表現できるようになっていきました。

子どもは、「この先生や友達がいてくれれば、〝何とかなる〟」という安心感があってはじめて主体的に活動することができます。この安心感がエネルギーとなり、小学校以降のより大きな「舞台」へと旅立っていくことにつながります。

保育者は、小学校の学習の先取りに注力したり、小学校に行っても困らないための準備に躍起になったりしないようにしたいものです。ぜひ、園では〝何とかなる〟という安心感を十分に体験できるよう配慮し、環境を整えながら子ども達の「今」を適切に受け止めてあげましょう。

気になる子に限らず、すべての子どもはこのような安心感を抱く環境のもとで過ごすことで、発達が促されたり、できることが増えていったりするのです。

3 就学後もフォローする

新任のコノミ先生は、卒園生をはじめて送り出します。新任保育者にとって、はじめての卒園生というのは感情移入しやすく、さまざまな感情が入り乱れます。それほど、はじめての卒園生というのは印象深く、楽しかったことやつらかったことなど「共に過ごしてきた」という実感があります（筆者も一年目の卒園式で泣いてしまいました…）。コノミ先生も一生懸命に保育をしてきたからこそ、離れていく寂しさや巣立っていくうれしさを味わっていると思います。おそらくアオバ君もリンちゃんもコノミ先生と同じような気持ちになることでしょう。

しかし、彼らが卒園したら「おしまい」ではなく、コノミ先生にはまだ一仕事残っています。それは、就学後のアフターケアともいうべきことです。気になる子が通常学級に就学した場合はもちろんのこと、特別支援学校や特別支援学級においても、子どもをはじめて受け入れるため、園での生活や遊び、保護者の状態や関係など、少しでも学校側に情報を提供し、指導に役立たせることです。

たとえば、「○○な課題はあるが、そのような場合、園では△△という支援をしてきた」「好きな遊びやおもちゃは□□です」「よく遊ぶ友達のタイプは◇◇です」といった内容です。くれぐれも「問題となる行動」だけを伝えることのないようにしましょう。継続して支援していくような関係づくりが子どもの発達にも好影響を与えるのです。


筆者の経験では、卒園した気になる子達は「ふらっ」と園を訪ねてくることが多くありました。もしかしたら、コノミ先生のもとにランドセルを背負ったアオバ君達が訪れてくるかもしれません。実は彼らは〝何か〟があって訪ねてくることが多いです。そのような時は、質問攻めにしないで、ゆっくりと彼らから語られる言葉を待ちましょう。十分受け止めたうえで、自分なりの助言をしてあげてほしいと思います。

ゆったりした雰囲気の中、強い肯定も否定も避け、時間を共有するように彼らを受け止めてください。懐かしい環境の中で、その子なりに気持ちや考えを整理していくと思います。

訪れたアオバ君達を前に、コノミ先生はこのように思うでしょう。「本当にたくさんのことを彼らから学んだな」と。

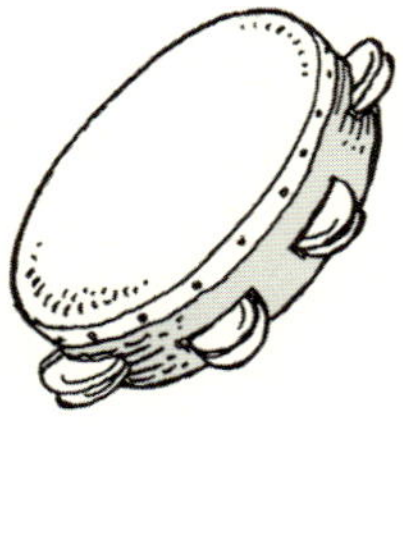

おわりに

私は今でも、「保育は奥が深く、正解があるようでない」と考えています。皆さんもそうではありませんか？　その理由として、保育はやればやるほど、考えれば考えるほど、何通りもの選択肢があるからだと思います。保育という営みを途絶えさせては、「正解のようなもの」には近づけないのではないでしょうか。

多様な子どもが増えたということは、多様な保護者が増えたということでもあります。保護者対応も保育者の専門性と言われて久しいですが、多方面から専門性を求められる今日、保育者は「求められること」ばかりが多くなってきているように思います。

そのような時代だからこそ、あらためて「子どもから学ぶ」ことが大切なのだと思います。みなさんのクラスにも、本書で登場した子ども達に負けないぐらい個性豊かな子ども達がいるのではないでしょうか。もしかすると、あなたのクラスにアオバ君やリンちゃんのような子がいて、イメージを重ねながら読んだかもしれません。コノミ先生のように「うまくいかなくて当たり前。前向きに！」という姿勢で、保育者を続けていってくださいね。

これからも応援しています！

著者紹介

著者

守　巧

（もり　たくみ）

東京家政大学子ども学部子ども支援学科講師。特別支援教育士。
専門は、幼児教育学、保育学、特別支援教育。主な著書に『演習　保育内容総論　あなたならどうしますか？』（編著、萌文書林、2014年）、『気になる子とともに育つクラス運営・保育のポイント』（編著、中央法規、2015年）など多数。

マンガ

にしかわたく

マンガ家・イラストレーター。
大学在学中に『月刊アフタヌーン』で商業誌デビュー。主な作品に（『母親やめてもいいですか』（かもがわ出版、2013年）、『マンガでわかる心理学入門』（池田書店、2014年）など多数。

マンガでわかる
気になる子の保育

2017年2月1日　発行

著　者　守　巧
マンガ　にしかわたく
発行者　荘村明彦
発行所　中央法規出版株式会社
〒110-0016　東京都台東区台東3-29-1　中央法規ビル
営　　業　Tel 03(3834)5817　Fax 03(3837)8037
書店窓口　Tel 03(3834)5815　Fax 03(3837)8035
編　　集　Tel 03(3834)5812　Fax 03(3837)8032
http://www.chuohoki.co.jp/

印刷・製本　図書印刷株式会社
装幀・本文デザイン　鈴木大輔・江﨑輝海（ソウルデザイン）

定価はカバーに表示してあります。
ISBN978-4-8058-5454-9